공부 감정의 힘

공부 감정의 힘

김은주 지음

공부 잘하는
상위 1% 아이들의
숨겨진 무기

북하우스

프롤로그

공부 감정에
주목하는 이유

우리나라에서 가장 대표적인 학군 지역은 서울 강남 대치동이다. 내가 몸담고 있는 강남세브란스병원은 대치동과 가까워서 주로 이 지역 학생들과 부모님들을 많이 만나게 된다. 내가 만나는 학생들의 연령대는 유치원생부터 중·고등학생, N수생까지 두루 걸쳐 있다.

나에게 진료를 받으러 오는 중·고등학생 아이들 대부분은 공부에 흥미를 잃거나 공부를 하면서 받은 마음의 상처가 너무 크다. '뭘 해도 난 안 돼' 하는 생각을 품고 있는 아이들도 많고, 자존감도 바닥까지 떨어져 있다. 초등학교와 중학교 때까지는 공부를 곧잘 해오던 아이들이 고등학교에 들어가서 공부를 놓아버리거나 성적이 떨어지는 경우를 많이 보게 된다.

일부 아이들은 초등학교, 중학교 때까지 성적이 뛰어나서 선망의 대상인 영재고, 과학고, 특목고, 자사고에 들어간 후 공부와 담을 쌓기도 하는데, 이러면 부모 입장에선 여간 큰일이 아니다. 마음이 다급해진 부모가 새로 학원을 급히 알아보고 거기를 다니라고 하면, 아이는 부모에게 짜증과 화를 심하게 내고 자기 방에서 나오려 하지 않고 성적은 곤두박질치고 부모와의 관계는 계속 틀어지는 악순환이 이어진다. 내가 진료실에서 접하는 가장 흔한 상담 유형 중 하나다.

이 아이들의 부모는 무엇을 놓친 걸까? 일찌감치 사교육 로드맵을 짜서 대치동의 좋은 학원에서 아이가 선행학습을 착착 밟아나갈 수 있게 하고, 그렇게 해서 원하는 고등학교에 합격시킨, 중학교 시기까지는 학습 관리 매니저로서 굉장히 성공한 엄마인데, 이 과정에서 엄마가 간과한 것은 무엇일까?

고등학생 시기는 아이들이 이제껏 쌓아온 공부의 결실을 봐야 하는 때이다. 그런 시기에 아이가 급격히 무너져버리면, 부모들의 불안과 초조는 극으로 치달을 수밖에 없다. 부모도 그러한데 당사자인 학생은 오죽할까.

교육 환경만 보면 나무랄 데가 없다. 지역 특성상 부모들이 자녀 교육에 관심이 많고 다방면으로 아이를 열심히 뒷바라지해온 경우가 많고, 어릴 때부터 그런 가정에서 학구적인 환경을 경험해온 아이들이 대부분이다. IQ도 평균보다 높은 편이다. 그럼에도 아이들의 객관적인 성적 지표가 떨어지고 있을 뿐 아니라, 아이들 스스로 인생에 대한 실패감까지 맛보고 있다. 아직 10대인 아이들이 "저는 아무것도 할 수 없어요", "좋은 대학에 못 가면 인생 망하는 거죠?"라고 말한다. 도대체 무슨 일이 벌어지고 있는 것일까?

강남세브란스병원에서 진료하기 이전에, 나는 서울과 경기도의 다양한 지역에서 아이들을 진료했다. 그중 한 병원은 지역 특성상 경제적으로 어려운 환경의 아이들이 많이 오는 편이었다. 나는 나름대로 다양한 지역에서 다양한 환경의 아이들을 만나본 셈인데, 소위 '학군지'가 아닌 곳에서 학교를 다니는 아이들은 공부를 못하거나 성적이 떨어졌다고 해서 인생이 실패했고 희망이 없다고 얘기하는 경우는 상대적으로 드물었다. 물론 공부를 잘하는 아이보다 좀 더 의기소침해 있기는 하지만 그 정도가 확연히 다르다. 그 아이들은 꼭 공부가 아니어도 진로 면에서 다양하게 다른 선택을 할 수 있다고 생각한다. 그런데 대치동 아이들은 왜 이럴까?

나는 이 문제가 아이들의 인지 능력이나 부모의 경제력, 또는 어릴 때부터 공부를 얼마나 체계적으로 해왔느냐의 문제가 아니라는 것을 알게 되었다. 성장하면서 아이들이 학습 과정에서 감정적으로 자주 상처를 받고, 그런 경험이 축적되면서 초등학교 때는 드러나지 않았던 문제가 중학교, 고등학교에 들어서면서부터 현실로 나타난다는 것을 알게 된 것이다.

아이들이 어릴 때는 학업 난도(難度)가 그리 높지 않아 조금만 시켜도 지식을 잘 습득하는 것처럼 보이므로 엄마들은 아이 성적에 높은 기대감을 갖게 된다. 아이들도 이 시기 발달단계의 특성상 어른들에게 인정받는 것을 좋아하므로 많은 아이들이 부모의 말을 잘 따르고 시키는 대로 열심히 공부한다. 하지만 4세 고시, 7세 고시, 초등 의대반 등의 조기교육, 선행학습과 학원 입학 테스트가 성행하는 대치동의 분위기에서 부모들은 마음이 다급해지기 쉽고, 그래서 조금이라도 처진다 싶으면 아이를 다그친다. 그러면 아이는 어릴 때부터 공부와 시험에 대해 불안과 스트레스에 시달리게 되고, 자존감은 점점 낮아지게 된다. 좋은 대학에 못 들어가면 자기 인생은 실패한 것이라는 메시지를 유언, 무언으로 어른들에게 받으면서 두려움에 사로잡힌다.

환자들은 의사에게 치료를 받으며 영향을 받고 의사 또한 마찬가지이다. 나 역시도 환자와 그 보호자를 만나면서 그들로부터 영향을 받는다. 여기서 내가 만나는 학생을 '환자'라고 지칭하자니 조금은 주저하게 된다. 우리 병원에 오는 아이들 중에는 '환자'라고 얘기하기 어려운 상태의 아이들도 많다. 그래서 나는 아이들을 통상적인 의미의 '환자'와 '보호자'라고 규정짓고 바라보기보다는 보통의 학생과 학부모로 바라보며 진료를 한다.

보통 정신과 환자라고 하면 이상한 이야기를 하고, 감정 조절을 잘하지 못하고 일상생활이 어려운 상태를 떠올릴 텐데, 내가 만나온 아이들 중에는 굳이 내면의 문제를 들춰 말하지 않고 있으면 아무도 문제가 있다고 생각하지 않을, 착하고 바른 모범생 스타일의 아이들도 많다. 학교에서 공부도 상위권에서 순위를 겨루는 아이들이 꽤 많고, 치료를 통해 자기 문제를 잘 극복하고 명문대에 진학한 아이들도 제법 있다. 이 아이들이 우리보다 입시나 학업 스트레스가 덜한 나라에 태어났더라면 나를 만나러 올 일이 있었을까, 하며 스스로 반문해보기도 한다.

내가 공부 감정에 주목하게 된 것은 이 아이들의 공부 상처와 그 결과 때문이다. 우리나라 대학 입시 교육에는 아이들이 감정적으로 다칠 수밖에 없는 기제가 내재되어 있다. 그것을 극단적으로 느낄 수 있는 환경에서 내가 진료를 하고 있기 때문에, 공부 감정의 중요성을 자연스럽게 깨닫게 된 것이다. 여기서 특별히 '감정' 부분을 이야기하고자 하는 것은, 우리 아이들이 실은 정신 건강이 많이 무너져 있는 상태로 계속 학습을 이어가고 있고, 아이들을 위해 부모가 이들의 감정을 좀 더 살피는 것이 절실하다고 보기 때문이다.

너무도 많은 아이들이 진료를 받는 과정에서 눈물을 보인다. 우리나라에서 두 아이를 키우며 대학 입시를 치르고, 수많은 아이들을 진료하면서, 아이들의 공부 감정과 공부 상처에 대해, 또 자녀들의 감정 조절 능력을 길러주고자 노력해야 하는 이유에 대해 함께 고민하고 나눠보는 기회를 갖고 싶었다. 아이들의 공부 감정을 보호하고 싶다는 바람이 이 글을 쓰는 가장 큰 동력이 되었다. 아이들의 마음 건강이 무너지지 않도록, 성적보다 감정을 먼저 살펴야 한다는 사실을 이 책을 읽는 학생들과 부모님들이 깨닫게 되기를 바란다.

차례

프롤로그 공부 감정에 주목하는 이유 • 5

1장 | 대치동 아이들

엄마의 불안이 대치동을 먹여 살린다 • 17
속도 강박과 부모의 번아웃 • 24
부모가 놓치지 말아야 할 공부 감정 • 29
아이 수준에 맞는 학습의 중요성 • 33

2장 | 감정은 공부에 왜 중요한가

감정이라는 중요한 자원 • 39
감정은 학습의 안내자다 • 42
감정이 실리지 않은 학습은 효율이 낮다 • 46
긍정적인 학습 습관을 유도하려면 • 50
학습 성취의 숨은 열쇠, 감정 • 54
감성지능(EQ)과 지능지수(IQ) • 59

3장 | 공부 감정이 다쳤을 때

공부에 대한 트라우마 • 65
부모와 아이의 공부 갈등: 대치동 키즈의 학창 생활 • 69
"공부 못하면 인생 망한다" • 74
진학의 갈림길에서 흔들리는 아이들 • 80
상처가 되는 부모의 말 • 84

4장 | 아이의 기질과 감정을 파악하라

아이마다 기질이 다르다 • 93
기질을 읽으면 학습이 보인다 • 99
선행학습, 기질을 고려해야 하는 이유 • 110
내 아이, 특목고에 보내도 될까? • 116

5장 | 공부 감정이 학습 성취를 좌우한다

네 가지 학습 감정 • 123
또래 관계 속에서의 학습 감정 • 130
긍정적 공부 감정과 부정적 공부 감정 • 135
공부 감정에 영향을 미치는 목표 • 138
배움을 통한 성장이 학습 목표가 될 때 • 142

6장 | 발달 시기별로 유념해야 할 것들

발달 단계마다 달라지는 부모의 역할 • 149
영유아기 : 학습의 기초, 애착 • 154
초등 시기 : 자기 조절력이 공부를 결정한다 • 158
중·고등 시기 : 아이에게 꼭 필요한 내재 동기 • 163
감정 조절 능력은 기다림 속에서 자란다 • 167
특목고 입시가 낳는 부작용 • 171
공부 동기는 자율성에서 시작된다 • 175

7장 | 내 아이를 위한 감정 조절 방법

긍정적인 공부 감정을 어떻게 만들 수 있을까 • 183
보상보다 중요한 것 • 192
감정 조절 능력을 높이는 방법 • 195

8장 | 공부 상처로 아이가 아플 때

공부를 놓아버린 아이들 • 201
적당한 불안과 심각한 불안 • 206
학생들의 시험 불안 • 212
죽을 것 같은 공황장애 • 217
아무 희망도 없이, 우울한 아이 • 220
내 아이는 '조용한 ADHD'일까? • 226
완벽주의적 성향, 강박증을 가진 아이들 • 231
아이가 노력에 배신당했을 때 • 234
수동 공격성을 띤 아이들 • 237
의존적으로 자란 아이들 • 241
공부가 재미없다는 아이들 • 244

9장 | 긍정적인 공부 감정을 위하여

집중력, 작업기억력, 실행 기능을 높여라 • 251
일상에서 높여주는 집중력 • 257
스스로 계획하는 아이로 키우는 법 • 262
작은 성취 경험이 내재 동기를 일으킨다 • 266
마음 근력을 키우는 그릿 향상 프로그램 • 270
디지털 미디어, 규제보다 조절이 중요하다 • 273

에필로그 아이들이 힘든 데는 반드시 이유가 있다 • 278
참고문헌 • 285

1장

대치동 아이들

엄마의 불안이
대치동을 먹여 살린다

우리나라 부모들은 자식의 성공이 곧 자신의 성공이라고 여기는 경향이 유독 강하다. 시대가 바뀌어서 이제는 안 그렇다고 여기는 분도 있겠지만 통계를 보면 생각이 달라질 것이다.

여성가족부의 「2023년 가족실태조사 분석 연구」에 따르면, '자식의 성공은 곧 나의 성공과 같다'고 생각하는 부모의 비율이 2020년 46.9퍼센트에서 2023년 58.9퍼센트로 증가했다. 주목할 만한 것은 이 비율이 낮아지는 것이 아니라 더 높아지고 있다는 점이다. 부모가 본인 인생과 아이 인생을 동일시하지 말고 '분리 개별화'를 할 수 있도록 아이를 도와주어야 하는데, 실제 현실에서는 그것이 잘 안 되고 있는 것이다. 부모님 중 거의 60퍼센트가 이렇게 생각하는

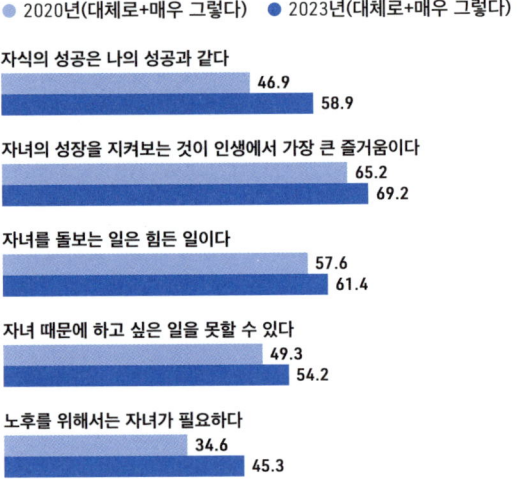

자료: 여성가족부, 「2023년 가족실태조사 분석 연구」, 2023

상황에서는 자기 아이를 객관적으로 보기가 아무래도 어렵다. 자녀의 성취를 자신의 성취로 동일시하면 필연적으로 과도한 기대와 통제로 이어지게 된다.

특히 우리나라 사람들은 집단 가치관이 강한 편이어서 남들이 하는 것을 따라하지 않으면 불안해하는 경향이 크다. 이렇게 자기만 소외되고 뒤처지는 것에 두려움을 느끼는 현상을 포모 증후군(FOMO, fear of missing out)이라고 하는데, 아이들 교육에서도 이런 현상이 강하게 나타난다.

"엄마의 불안이 대치동을 먹여 살린다"라는 말이 있다. 어릴 때부터 주변 아이들이 거의 다 선행학습을 하니 우리 아이만 안 하면 불안해지고, 결국 불안해진 엄마는 학원을 알아보게 된다. 학원 상담실에서는 다른 아이들은 굉장히 빠르게 선행학습을 해나가고 있고, 어릴 때부터 이 대열에 끼지 못하면 성적이 잘 안 나올 거라는 이야기를 듣게 된다. 대부분의 엄마들은 불안해진다. 결국 학원비를 결제하고 집에 돌아오면, 아이는 학원에 더 가기 싫다며 짜증을 내기 일쑤이고, 아빠들은 마케팅에 놀아난 것이라고 아내를 비난한다. 때때로 부부 싸움으로 번지기도 한다.

엄마들은 체감상 주변에 공부 안 하는 아이가 거의 없다고 느낀다. 수학과 영어는 기본이고, 국어가 점점 중요해지니 논술도 등록하고, 과학 탐구로 수능 점수가 갈리므로 과학 학원을 하나 더 등록한다. 그러면 벌써 네 과목이다. 거기에 스트레스 관리 차원에서, 또는 공부가 적성이 아닐 경우를 대비해 예체능 쪽을 몇 개 더한다. 등록 학원이 예닐곱 군데 정도 되는 건 순식간이다. 여기에 수학, 영어 학원을 한두 군데씩 더 다니는 아이들도 있다.

아이가 사춘기로 접어드는 초등 고학년이나 중학교 무렵, 학원 입시 설명회에 가면 "최상위권 아이들은 이렇게 합니다" 하면서 표준 선행학습 로드맵을 제시한다. 그러면 부모들은 '우리 아이는 이렇게 안 하고 있는데 괜찮을까?' 하는 불안감에 사로잡혀 집에 와서 아이에게 그 로드맵 얘기를 꺼낸다. 하지만 어릴 때부터 학원 스케줄에 이미 지쳐 있는 아이들은 학원 수강을 더 늘리자는 이야기를 순순히 받아들이기 어렵다. 그러면서도 아이도 엄마 말을 들어보면 다른 애들은 다 한다고 하니 또 불안해진다. 당장 학원을 더 많이 다니기는 싫으니 겉으로는 강하게 반발하면서도 '혹시 엄마 말이 맞는 건 아닐까?' 하는 생각을 하며 불안해하는 것이다.

고등학교에 올라가면 '내신이 신이다'라는 분위기에 휩싸인다. 3학년 과목이 선택이나 절대평가로 바뀌면서 상대적으로 고등학교 1~2학년 성적이 중요해지니 내신 전문 강사 ○○의 학원 강의나 팀 수업을 들어야 한다는 정보들이 엄마들 사이에 많이 돈다. 상위권 학생들로 팀 수업을 꾸리고 1타 강사를 섭외하는 일에 엄마들은 사활을 건다. 그런 이야기를 듣고 오면 엄마도 불안해하지만, 이제 대학 진학이나 진로 등을 고민하며 발등에 불 떨어진 고등학생 아이들도 엄마랑 같이 불안해한다. 역설적으로 이렇게 성적 걱정에 불안하고 스트레스를 받으면 아이들은 압박감 때문에 집중을 더 못 한다. 정신을 바짝 집중해도 모자란 상황에서 학업 효율은 더 떨어지고, 불안에 취약하거나 예민한 아이들은 역효과가 나서 오히려 공부를 놓아버리기도 한다.

이런 경우가 너무 많다. 그래서 나는 부모님들에게 학원 설명회나 학부모 모임에 다녀오면 그날 바로 아이한테 이야기하지 말고 며칠 정도 엄마가 자신의 불안을 가라앉히는 시간을 가진 뒤에 우리 아이 상황에 맞는 것인지 곰곰이 생각해보시라고 조언한다. 범람하는 학습 정보 중 우리 아이에게 맞지 않는 정보도 많을 테고,

불안은 시간이 지나면 점차 잦아들기 때문에 엄마도 이성을 찾기 마련이다. 보통은 학원 수업이 곧 마감될지도 모른다는 조급함 때문에 정보를 들은 당일 날 바로 아이를 붙들고 이야기하는데, 어머니도 불안과 스트레스가 심한 상태여서 아이랑 충돌하게 되면 감정 조절이 안 된다. 엄마도 사람이니까.

나는 진료할 때 아이보다도 부모님과 상담하는 시간이 더 길다. 부정적인 낙인이 찍힌다는 인식 때문에 아이가 정신과에 다니는 걸 기피하는 부모님들도 있고, 그래서 부모님이 진료 접수를 하고 아이 교육을 둘러싼 고민과 걱정을 같이 상담하는 일도 종종 있다. 이런 경우는 부모의 마음 안정이 주목적인 진료와 상담이 이루어진다.

극단적인 케이스라고 볼 수 있는 한 사례가 기억난다. 중3인 나연이 어머니는 아이가 스마트폰 중독이 아닌지 걱정이 되어서 진료실을 찾아왔다. 나연이는 방과 후에 바로 학원에 가서 밤 10시까지 공부하고, 집에 돌아오면 밤 11시이며, 밤 12시 반에서 1시 사이에 잔다고 했다. 스마트폰 중독에 빠질 시간적 여유가 도무지 어디서 생기는지 알 수가 없었다. 그래서 나연이가 왜 스마트폰 중독이라고 생각하시는지 물었다. 어머니는 나연이가 밤에 1시간 정도, 주말에는 몇 시간 동안 스마트폰을 쓰는데, 그게 걱정이 된다는 것이었다. 전교 상위권 아이들은 그만큼도 안 한다고 하면서. 그 정도 유혹도 극복을 못 한다면 중독 성향이 있는 게 아닌지, 그걸 걱정하는 것이었다. 대부분의 아이들이 스트레스를 풀려고 혹은 또래 관계를 유지하기 위해서 이 정도 시간은 SNS 확인을 할 수 있고 게임도 잠시 할 수 있는데도 말이다.

비슷한 사례로, 승희는 고등학교 3학년이고 전교 1~2등 하는 아이였는데, 엄마가 아이가 스마트폰 중독인 것 같다고 상담을 하러 왔다. 승희는 하루 1시간 정도 스마트폰을 했다. 엄마 생각에, 전교 상위권 아이치고는 스마트폰을 너무 많이 쓰는 편이라고 했다. 그 정도면 정상적인 범위인데, 비교 대상으로 삼는 아이들이 거의 안 하니까 정상 행동도 병이 아닌지 걱정하는 것이었다. 그런데 그 비교 대상인 아이들이 너무나 극단적인 상위 0.1퍼센트 그룹이었다.

우리가 아무리 손을 깨끗하게 씻어도 현미경으로 보면 세균이 보이듯이, 부모님이 아이를 현미경으로 보듯 보고 있다는 생각이 자주 든다. 아이를 지나치게 들여다보면 오히려 문제가 없어도 문제처럼 보일 수 있다. 많은 부모님들이 이를 이해하고 받아들이지만, 일부 부모님들은 내가 너무 대치동 상위권 아이들의 현실을 모른다며 내게 다시는 상담을 받으러 오지 않는다. 안타깝게도 부모의 불안을 더 조장하는 일부 상담소나 의료기관들도 있는 것이 현실이다. 일부지만 ADHD가 명확하지 않은데도 집중력에 문제가 있다며 근거가 불충분한 치료를 권유하는 곳들이 있기도 하다. 수험생 부모들은 아이의 성적을 올릴 수 있다면, 하면서 지푸라기라도 잡는 심정으로 이런 처방에 쉽게 마음이 흔들린다.

우리나라 대학 입시는 너무 복잡하고, 부모님들도 아이가 혼자서 주도적으로 알아보게 키우지 않았다. 대부분의 아이들은 어릴 때부터 엄마가 짜주는 스케줄대로 학원에 다녔는데, 이제 와서 고등학생이니 아이에게 알아서 하라고 한다면 무책임한 것이다. 단, 부모님이 개입하더라도 아이 적성과 역량, 아이의 감정을 면밀히 관찰하고, 아이가 하고 싶은 것이 무엇인지 아이와 같이 의논하는 것이 중요함을 잊지 말아야 한다. 부모의 역할은 아이를 통제하는 것이 아니라, 스스로 길을 찾을 수 있도록 돕는 것이어야 한다. 결국 이 과정에서 가장 중요한 것은 부모가 자신의 불안을 먼저 다스려야 한다는 점이다.

속도 강박과
부모의 번아웃

요즘 내가 주목하는 키워드는 '속도 강박'이다. 사회가 점점 더 빠르게 변화하다 보니 교육 쪽에서도 비슷한 흐름이 뚜렷하게 나타나고 있다. 다른 아이들보다 한 발이라도 더 빨리, 한 살이라도 더 일찍 시작해야 뒤처지지 않는다는 속도 강박이 부모님들 사이에 만연해 있다. 선행학습을 시작하는 시기도 점점 앞당겨지고 있다. 대치동을 보더라도 예전에는 초등학교 고학년쯤 되어야 아이들이 전학을 왔다. 하지만 요즘은 초등 저학년, 심지어 유치원 이전에 들어와야 한다는 생각이 부모들에게 퍼져 있다. 한 살이라도 늦게 시작하면 아이가 영영 따라잡을 수 없으리라는 불안 때문이다. 아이의 미래를 생각하는 부모의 입장에서는 이런 불안을 떨쳐내기가 쉽지 않다. '4세 고시', '7세 고시'라는 말이 최근 언론에서 화제가 되고 있는 것도 이런 맥락이다.

'4세 고시'는 대치동의 유명 영어유치원 입학을 위한 레벨 테스트를 의미한다. 이 테스트는 원어민과의 영어 능력을 평가하며, 일부 유치원은 알파벳 쓰기, 숫자 쓰기, 간단한 영어 단어 쓰기 등을 요구한다. 3세에 A유치원, 4세에 G유치원으로 이어지는 코스를 '성골' 로드맵으로 여긴다. 이를 위한 경쟁이 더욱 심화되고 있다. '7세 고시'는 초등학교 입학을 앞둔 6~7세 아동들이 대치동의 유명 영어학원 입학을 위해 치르는 시험을 지칭한다. 이 시험은 수능 수준의 영어 독해 문제를 포함하고 있어, 전문가들은 이를 '지적 학대' 수준이라고 비판한다.

또한 수학 사교육의 열풍이 불고 있는 분위기에서, 대치동의 유명 수학 학원인 'H 학원'의 입학시험은 학부모들 사이에서 비공식적으로 '○○ 고시' 또는 '○○ 입테'라는 용어로 불린다. 이 시험은 초등학교 2학년 이상을 대상으로 매년 11월에 실시되는데, 수백에서 수천 명의 지원자가 몰려 경쟁이 치열하다. 2024년에는 약 330명을 모집하는 시험에 1,800명 이상이 지원하여 서버가 다운되는 사태도 발생했다고 한다.

학부모들은 자녀의 유명 학원 입학을 위해 선행학습과 사전 준비에 많은 노력을 기울이고 있으며, 일부는 입학시험을 대비한 별도의 학원에 아이를 보내는 등 치열한 경쟁을 벌인다. 아이의 연령대에 맞지 않는 고난도의 경쟁적 학습 환경은 아동의 정신 건강에 부정적인 영향을 미칠 수 있으며, 불안감과 정서적 고통을 유발할 수 있다는 우려도 제기되고 있는 실정이다.

문제는 부모들의 '속도 강박'이 아이들에게 고스란히 전해진다는 점이다. 초등 고학년만 되어도 이미 아이들은 스스로를 남들과 비교하며 불안을 느낀다. "나는 이미 너무 늦었다", "이제 와서 따라갈 수 없을 것 같다"라며 미리 포기하는 아이들도 적지 않다. 이런 분위기 속에서 아이들은 쉽게 상처받고 자신감을 잃는다.

대치동에서 선행학습을 안 하는 아이들은 드물다. 선행학습은 학년보다 앞서 진도를 나가기 때문에 그 효과를 즉각 확인하기가 어렵다. 본래 학년에 맞게 공부하면 학교 시험 성적표로 바로 확인할 수 있지만, 선행학습은 아이가 학습을 잘 따라가고 있는지, 정말 효과가 있는지에 대한 명확한 기준이 없다. 학원에서 자체 테스트를 하더라도 성적이 안 나오면 "아직 학년이 어려서 그렇다. 반복해서 하다 보면 되겠지"라는 식으로 해석할 여지만 많아진다. 결국 선행학습의 성과는 3~4년 후에야 비로소 학교 성적으로 드러나는데, 그때쯤이면 지금의 학원이 책임질 이유가 없다. 이런 측면에서 보면 선행학습은 학원에 매우 유리한 시스템이다. 부모님들 입장에서는 선행학습의 효과에 대한 확신은 없지만 불안한 마음에 그저 학원을 믿고 아이를 맡길 수밖에 없는 것이다. 상위권 아이들은 선행학습을 하는 경우가 많아 보이기는 하지만, 이 아이들이 선행학습을 잘 따라간 것은 원래부터 학습 능력이 뛰어났기 때문일 가능성이 더 높다.

상황이 이렇다 보니 부모들도 지칠 수밖에 없다. 엄마들을 만나 보면 "아이도 힘들겠지만, 저도 이렇게 살고 싶지 않아요"라는 말을 종종 한다. 아이를 학원으로 닦달하고 빡빡한 선행학습 스케줄에 몰아넣으면서도 정작 스스로도 아이가 상처받을까 봐 걱정이 되는 것이다. 하지만 주변의 모든 아이들이 선행학습을 하니 우리 아이만 안 할 수 없다는 게 부모들의 공통적인 딜레마다. 선행이 만연한 학원 시스템 속에서 학생과 부모 모두 번아웃이 되어가지만 누구도 그 흐름을 쉽게 멈출 수 없다.

이러한 강박과 불안의 근원에는 우리나라의 교육 시스템이 자리 잡고 있다. 이 시스템은 아이들과 부모들에게 마치 '한 번 실패하면 끝장'이라는 메시지를 끊임없이 주입한다. 중학교 때 성적을 망치면 고등학교도 실패할 거라고 아이들을 불안하게 만드는 부모들이 많고, 혹여 아이가 좋아하는 것이 있어도 "지금은 무조건 공부만 해야 한다"라며 막아서기도 한다. 이렇게 되면 아이들은 점점 더 불안해지고, 불안이 강하게 뇌에 각인되어 기질이 예민한 아이일수록 그 스트레스가 오래간다.

어린아이들의 경우, 불안은 학습 동기를 일시적으로 높이는 효과가 있을 수 있다. 하지만 불안을 지속적으로 조장하면 결국 역효과가 난다. 아이들이 자기 주도로 공부를 하기보다 불안 때문에 쫓

기듯이 공부를 하다 보면, 아이들에게 공부가 점점 부담스러워지기 때문이다. 그래서 시험지만 받으면 너무 긴장이 심해져 머리가 하얘지며 아무런 생각이 안 나거나, 매 시험 때마다 잠도 못 자고 심하게 짜증을 내거나 불안, 심지어 공황 유사 증상, 원인 불명의 두통, 소화불량, 통증 등의 신경성 신체 증상으로 내원하는 아이들을 종종 진료실에서 만나게 된다.

나는 부모님들에게 중학교 때까지는 아이들이 시행착오를 겪어보는 게 꼭 필요하다고 이야기한다. 아이들에게 스스로 계획을 세우고 자신의 공부 방법을 고민하고 조정해보는 기회를, 자신에게 맞는 학습법과 공부 스타일을 확립해나갈 기회를 주어야 한다.

부모의 역할은 속도전에 휘말려 아이를 밀어붙이는 것이 아니다. 아이의 성장을 믿고 기다려주며 옆에서 지원해주는 것이다. 조금 느리더라도 아이가 자기만의 속도로 공부할 수 있도록 도와주어야 한다. 부모가 먼저 '속도 강박'에서 벗어나 여유를 갖고 아이를 바라봐야, 아이도 건강한 마음으로 성장할 수 있다. 사회가 던져주는 불안한 메시지와 속도 경쟁 속에서도 부모가 중심을 잡고 기다려준다면, 아이는 결국 자신만의 방법을 찾아갈 것이다. 부모가 덜 지쳐야 아이들도 덜 지친다는 점을 늘 기억해야 한다.

부모가 놓치지 말아야 할
공부 감정

'공부 감정' 또는 '학습 감정'이라는 개념은 독일 교육학자 라인하르트 페크룬(Reinhard Pekrun)이 처음 사용한 용어로, 공부와 관련된 다양한 감정을 의미한다. 학습 과정에서 느끼는 즐거움, 성취감, 자신감뿐만 아니라 불안, 좌절, 부담감 같은 부정적인 감정도 포함된다.

아이들의 공부 감정에 가장 지속적이고 강한 영향을 미치는 존재는 부모다. 특히 어린아이들은 부모의 사랑과 인정을 받고 싶은 욕구가 강하기 때문에, 부모가 학습에 관심을 보이면 아이들은 이를 동기로 삼아 공부를 시작한다. 하지만 부모가 성적에 지나치게 집착하거나 기준이 너무 높으면, 아이는 기대에 미치지 못할 때 부모의 사랑과 인정을 잃을 것 같은 불안을 느끼게 된다. 이 불안이 지속되면 학습에 대한 부담과 두려움이 커지면서 오히려 공부에 대한 동기가 약화된다.

요즘 특히 초등학생 아이를 둔 부모님들은 학원 스케줄과 숙제 관리에 치우친 학습 매니저 역할에 집중하는 경향이 있는데, 이는 장기적으로 보면 근시안적인 접근이다. 아이가 나중에 어려운 학업을 포기하지 않고 지속해나가는 데 더 중요한 것은 당장의 스케줄 관리가 아니라 부모와 자녀 사이의 애착 관계를 탄탄하게 구축하는 일이다. 아이가 어릴 때는 부모가 직접 개입하여 학습을 이끌어 갈 수 있다. 어르고 달래거나 때로는 윽박지르며 공부를 시키는 것이 어느 정도 가능하다. 하지만 중학교 이후가 되면 상황이 달라진다. 학업의 난도가 높아지고, 청소년기의 독립성이 강해지면서 부모의 학습 개입을 점점 거부하게 된다. 부모가 계속해서 간섭하려 하면 오히려 반발심이 커지고, 학습 자체에 대한 흥미와 동기가 떨어질 수도 있다.

이 시기부터 부모가 할 수 있는 가장 중요한 역할은 직접적인 개입이 아니라 감정적인 지지와 격려다. 아이가 학업에서 맞닥뜨리는 난관이 커질수록 부모와의 관계가 안정적이어야 아이는 부모에게 도움을 요청한다. 부모 자녀 관계가 좋지 않으면 아이는 학습의 어려움을 혼자 끌어안고 점점 부모와 거리를 두려 한다. 반면 부모가 아이를 믿고 지지해주며 정서적으로 안전한 환경을 만들어주면, 아이는 학습에서 어려움을 느낄 때 부모를 찾아 의논하게 된다.

결국 장기적으로 아이가 꾸준히 학습을 이어가기 위해서는 부모의 정서적 지지가 필수적이다. 부모가 불안해서 아이를 밀어붙이는 것이 아니라, 아이가 스스로 학습에 대한 책임감을 가질 수 있도록 조력자 역할을 해야 한다. 학업은 단거리 경주가 아니라 긴 마라톤이다. 중학교 이후에는 부모가 앞에서 끌어주는 방식이 아니라, 아이가 스스로 길을 찾을 수 있도록 옆에서 응원해주는 것이 더 효과적이다.

대치동 아이들을 진료하다 보면 너무 안타까운 점이, 모두가 성취 압박에 지나치게 시달리고 있다는 점이다. 학생들과 부모들이 더 높은 스펙을 쌓기 위해 점점 더 많은 시간과 노력, 자원을 투입하면서 번아웃 상태에 빠져 있다.

이런 상황에서 아이들은 스트레스, 우울, 불안감이 점점 증가할 수밖에 없고, 자신에게 과한 기대를 하는 부모와 소통하기보다는 정서적으로 단절되어간다. 이렇게 부모 자녀 관계에서 거리감이나 소외감이 점점 커지다 보면 나중에는 걷잡을 수 없는 상태에 직면하게 된다.

부모 세대 중에 요즘 아이들처럼 관리받으며 공부한 사람이 과연 얼마나 될까. 나만 해도 요즘 아이들처럼 어릴 때부터 학원에 다니면서 공부해야 했다면 과연 지치지 않고 끝까지 잘 해냈을지 자신할 수 없다.

부모들은 아이가 공부를 해나가는 동안 지치고 소진되지 않는지 주의 깊게 살펴볼 필요가 있다. 또 성취에 대한 균형 잡힌 시각이 필요하다. 아이들에게 과도한 기대를 품지 말고, 아이들이 지나치게 많은 것을 하도록 압박하지 말고, 아이들이 힘들다는 것에 공감해 주는 것만 제대로 해도, 아이가 긍정적인 공부 감정을 갖는 데 많은 도움이 될 것이다.

다시 강조하지만, 아이들이 꾸준히 학습을 지속하려면 공부 자체에 대한 긍정적인 감정을 키우는 것이 중요하다. 부모는 성적이나 결과보다는 아이의 노력과 성장 과정에 주목하고, 실패해도 다시 시도할 수 있도록 정서적인 지지를 해주는 역할을 해야 한다. 결국 아이의 학습 감정이 건강하게 형성될 때, 공부는 단순한 의무가 아니라 자신감을 키우고 성장할 수 있는 과정이 된다.

아이 수준에 맞는
학습의 중요성

아이들의 인지는 두 가지 중요한 과정을 통해 발달한다. 하나는 '학습'이고, 다른 하나는 '발달'이다. 협의의 '학습'은 특정한 정보나 상황을 배우는 것을 말한다. 예를 들어, 미국 아이들은 각 주의 이름이나 수도를 배우고, 한국 아이들은 한국의 지리를 배우는 식이다. 이렇게 배운 지식은 그 상황 안에서는 쓸 수 있지만, 다른 상황에 바로 적용하기는 어렵다.

반면 광의의 학습, 즉 '발달'은 훨씬 더 넓은 의미를 가진다. 아이가 다양한 상황에 두루 적용할 수 있는 생각의 틀을 익히는 것을 말한다. 예를 들어, 한 나라가 그 안에 있는 지역보다 크다는 개념이나, 하나의 주가 두 곳에 동시에 있을 수 없다는 이해는 단순 지식이 아니라 사고의 틀을 익히는 과정에서 나온다. 이런 구조적인 사고는 단순히 지식을 외우는 것만으로는 생기지 않는다. 아이가 다양한 상황을 경험하고, 그 안에서 스스로 원리를 깨달아가며 점차 발달하게 된다.

따라서 아이가 시험에서 좋은 점수를 받았다고 해서 반드시 사고력까지 발달한 것은 아니다. 특정 지식을 외우는 '학습'과, 생각의 틀을 키우는 '발달'은 서로 다른 과정이라는 점을 부모가 잘 이해해야 한다.

장 피아제는 아이를 단순히 어른의 축소판이 아니라 고유한 사고방식을 가진 존재로 보았다. 아이는 어른과는 다른 방식으로 세상을 이해하며, 그래서 어른에게는 쉬운 것도 아이에게는 어려울 수 있다.

피아제의 인지발달이론에 따르면, 아이들의 사고 발달 단계는 전조작기(약 2~7세), 구체적 조작기(약 7~11세), 형식적 조작기(약 12세 이후)로 나뉘며, 각 단계마다 논리적 사고의 복잡성과 추상화 능력에 차이가 있다. 즉, 아이들의 사고력은 나이에 따라 점진적으로 발달하며, 각 발달 단계마다 이해할 수 있는 개념의 수준이 다르다. 아이가 어떤 개념을 제대로 이해하려면 아이의 인지 능력이 그 개념을 받아들일 수 있는 수준에 도달해 있어야 한다.

피아제 이론을 바탕으로 보면, 선행학습이 효과를 발휘하는 경우는 아이가 이미 해당 개념을 받아들일 인지적인 준비가 되어 있을 때이다. 예를 들어, 구체적 조작기에 있는 초등학교 고학년 아이에게 눈에 보이는 '구체적'인 예시를 통해 수학 문제나 문장 독해 등 약간의 선행학습 과제를 준다면 학습의 흥미를 높이고 자신감을 심어주는 긍정적인 효과를 줄 수 있다. 아이가 스스로 조금만 노력하면 풀 수 있는 수준의 과제를 통해 성취감을 느끼게 되면, '나도 할 수 있구나' 하는 믿음이 생기고 공부에 대한 긍정적인 감정이 자라난다.

반면, 아직 형식적 조작기에 이르지 않은 초등학생에게 추상적인 사고를 요하는 학습을 무리하게 선행시키면 오히려 부정적인 결과를 초래할 수 있다. 예를 들어 요즘 당연시되는 선행학습 트렌드를 좇아 초등학생에게 중·고등학교 수준의 수학 개념이나 영어 문법을 강제로 가르치게 되면, 아이는 표면적으로는 따라가는 듯 보이지만 실제로는 깊이 있는 이해 없이 기계적으로 외우게 되고, 이는 학습 스트레스를 높인다. 이해하지 못한 채 억지로 학습을 반복하면 "공부가 너무 어렵고 재미없다"는 감정을 갖기 쉽고, 그 결과 공부 자체에 대한 부정적인 감정이 생긴다.

이처럼 선행학습은 아이의 발달 수준에 맞게 이루어졌을 때에는 공부에 대한 자신감과 긍정적인 정서를 길러줄 수 있지만, 무리한 선행은 자존감을 낮추고 무력감을 불러일으키며 공부에 대한 부정적인 태도를 강화시킬 수 있다. 특히 '나는 머리가 나빠서 안 되는구나', '공부는 원래 재미없는 거야'라는 식의 인식이 자리잡으면 이후의 학습 동기도 크게 떨어지게 된다. 따라서 부모들이 기억해야 할 것은, 아이의 학습에서 가장 중요한 것은 '얼마나 앞서 가느냐'가 아니라 '발달 수준에 맞는 방식으로 얼마나 잘 받아들이고 있느냐'라는 점이다. 속도보다는 방향이 중요하고, 이해와 흥미가 동반되는 학습이 아이의 공부 감정을 긍정적으로 키워주는 데 핵심이라는 점을 잊지 말아야 한다.

2장

감정은 공부에
왜 중요한가

감정이라는 중요한 자원

감정이란, 사전적으로 "자극에 대한 개인의 주관적인 반응"을 의미한다. 외부 사건이든 본인 내부에서 일어나는 어떤 신체 감각이든, 그에 반응해서 일어나는 현상이 감정인 것이다. 가장 기본적인 감정으로 기쁨, 슬픔, 불안, 공포, 혐오, 분노 등이 있는데, 이 모든 감정은 인간이 환경에 적응하고 생존하도록 돕는 중요한 기능을 한다.

정신과에서 가장 자주 다루게 되는 감정 중 하나가 바로 '불안'이다. 숲길을 걷다가 호랑이 같은 맹수를 만났을 때, 사람은 본능적으로 불안과 공포를 느낀다. 이는 '투쟁-도피 반응(fight-or-flight response)'을 유발하여 자율신경계를 항진시키고, 생존에 필요한 행동을 취하도록 돕는다. 불안과 공포가 적절히 작동하면 정신을 바짝 차리고 주변 상황을 면밀히 살피게 되어, 싸울 것인지 도망칠 것인지 빠르게 판단해 자신을 보호할 수 있다.

마찬가지로, 익숙하지 않은 음식을 보고 역겨움을 느끼는 것도 진화적 관점에서 보면 우리 몸이 스스로를 지키는 자연스러운 감정 반응이다. 이런 '혐오 감정'이 정상적으로 작동하면 상한 음식이나 독성이 있을 가능성이 높은 음식을 피하게 되어 개체의 생존에 도움을 준다.

문제는 감정이 과하거나 왜곡될 때다. 지나친 불안은 실제 상황에 적절히 대처하기보다 오히려 얼어붙게 만들어 판단력을 떨어뜨린다. 과도하게 활성화된 불안 감정이 몸과 마음을 위축시키는 것이다. 결국 감정은 본래 개체를 보호하기 위한 핵심적인 역할을 맡고 있지만, 그 강도가 지나치거나 적절하지 않으면 오히려 일상적인 기능을 방해하게 된다.

또한 감정은 동기를 유발하는 역할을 한다. 사랑에 빠지면 누가 시키지 않아도 상대가 계속 보고 싶고, 상대의 말을 잘 기억하고, 어떤 어려움이 있더라도 그 사람에게 달려간다. 학습 동기를 유발하는 과정도 이와 비슷하다. 아이들이 학습에 흥미가 생기면 공부할 때 집중이 잘 되고, 더 많은 내용을 기억하게 되고, 어려워도 포기하지 않고 끈기 있게 파고들게 된다. 반대로 상대에 대해 싫은 감정이 먼저 일어난다면 어떻게 될까? 더 이상 관계가 진행되지 않는다. 학업이든 대인 관계이든 좋은 감정이 먼저 선행되어야 그 이후의 과정이 자연스럽게 이어지는 것이다.

인간은 이성적인 존재라고 하지만, 깊이 들여다보면 대부분의 행동과 결정은 감정에 뿌리를 두고 있다. 감정이 제대로 조율되지 못하거나 '뒤틀려서' 엇나가기 시작하면, 의도치 않은 문제가 발생하기 쉽다. 많은 사람이 "공부에는 감정을 배제해야 한다"라고 말하곤 하지만, 나는 오히려 '공부 감정'에 더욱 주목해야 한다고 생각한다. 감정이 어떤 방향으로 작용하느냐에 따라 학습 효율과 동기가 크게 달라지기 때문이다.

학교의 교실을 한번 떠올려보라. 교실이라는 공간 안에는 다양한 감정이 흘러 넘친다. 또래들 사이에서는 자연스럽게 우정, 경쟁심 등의 사회적 감정이 생기고, 아이들이 선생님을 좋아하게 되면 성적이 오른다. 좋아하는 선생님께 인정받고 싶은 마음이 학습의 강한 동기가 되기 때문이다. 결국 친구든, 선생님이든, 가정이든, 공부를 둘러싼 환경에 긍정적인 감정을 느낄수록 아이들은 집중도 잘하고 공부도 더 즐겁게 해낼 수 있다.

감정은
학습의 안내자다

이성이 추론, 계산 등 인지적 학습을 담당하지만, 정작 이 모든 것을 실행으로 이끄는 것은 감정이다.

최근 뇌과학 연구에 따르면, 감정은 학습을 방해하는 것이 아니라 오히려 학습을 이끄는 중요한 역할을 한다. 아이가 어떤 내용을 배울 때, 단순히 머리로만 이해하는 것이 아니라, '직관'이 함께 작용하면서 지식을 받아들이게 된다. 직관은 아무 근거 없는 기분이나 변덕이 아니라, 아이가 반복된 경험 속에서 서서히 쌓아온 '감정' 기반의 판단력이다. 즉 감정은 아이가 새로운 정보를 이해하고 기억하는 데 중요한 신호이자 안내자가 된다. 문제를 풀다가 "어? 뭔가 이상한데?" 혹은 "이 방법이 더 나을 것 같다"는 느낌을 받아본 적이 있다면, 그때가 바로 감정이 사고와 판단에 개입하는 순간이다. 아이는 이런 감정적 신호를 통해 무엇이 맞고 어떤 방법이 더 좋은지 스스로 깨닫게 된다. 감정은 이렇게 학습 과정에서 아이의 결정과 선택을 이끌고, 점차 더 정확한 직관적 판단으로 이어지게 한다.

가령 아이들이 시험을 보고 나서 "찍었는데 맞았다"거나 "왠지 그게 답인 것 같다"라고 얘기하는 경우가 종종 있는데, 이는 학습 과정에서 무의식적으로 작동하는 감정이 결정적인 역할을 하기 때문이다.

문제를 풀 때 정답을 맞히면 쾌감을 느끼고, 반대로 틀리면 불쾌함을 느끼게 된다. 이러한 '유쾌'와 '불쾌'라는 감정 경험은 의식적으로 기억될 때도 있지만, 대개 무의식 속에 차곡차곡 축적된다. 그 결과, 아이들은 문제를 풀다 답이 헷갈릴 때, 머리로만 생각하지 않고 '감정적 신호'를 더해 직감(gut feeling)으로 답을 고르는 것이다. 겉으로 보기에는 단순히 "찍었다"라고 표현하지만, 실제로는 무의식에 축적된 감정적·경험적 기억이 빠르게 작동해 가장 적합한 답을 선택하도록 도와주는 것이다. 사람이 중요한 결정을 내릴 때 명확한 이성적 이유를 들기도 하지만 실제로는 무의식적 경험과 감정의 축적에서 비롯된 '직감'이 크게 작용하는 것과 마찬가지이다. 아이들 역시 학습과 경험을 통해 쌓아온 '감정적 기억' 덕분에, 일종의 '감(感)'으로 답을 찾아내는 순간을 맞이하게 된다.

감정이 행동에 영향을 끼치는 또 다른 예를 보자. 한 아이가 새로운 놀이기구를 타려고 할 때, 처음엔 놀이기구가 재미있어 보이고 호기심을 불러일으킨다. 하지만 놀이기구가 높은 곳에서 갑자기 속도를 내기 시작하면 아이는 무섭다는 감정을 느끼게 되고, 다음에 다시 탈 기회가 생기더라도 잠시 망설이게 된다. 반대로 비슷한 상황에서 재미있고 즐거운 감정을 느꼈다면, 다음번에는 더 쉽게 도전하게 된다. 처음부터 자신의 선택이 '좋다', '나쁘다'라고 판단되는 것이 아니다. 경험을 통해 감정이 서서히 쌓이고, 그 감정이 다시 행동을 선택하는 방향타 역할을 한다. 예를 들어, 아이가 실패를 경험한 뒤 실망하거나 불안했던 기억이 남으면, 다음엔 그 행동을 다시 하기 전에 머뭇거리게 된다. 이것이 바로 감정이 행동을 이끌고 조율하는 방식이다.

더 나아가 이런 감정적 반응은 대부분 아이 자신이 의식하지 못하는 수준에서 작용한다. 마음이 불편하다거나 왠지 꺼려진다는 느낌은 때로는 말로 설명하긴 어렵지만, 그 자체가 매우 중요한 학습의 신호가 되기도 한다.

따라서, 부모나 교사는 이런 감정 신호를 존중하고 아이가 자신의 감정을 잘 인식하고 다룰 수 있도록 도와야 한다. "괜찮아, 이건 별거 아니야" 하고 감정을 무시하기보다는, "그래서 그때 무서웠구나", "다음엔 어떤 선택이 더 나을까?" 같은 식으로 감정을 인식하고 이를 선택에 반영하게 도와주는 것이 중요하다.

감정은 아이의 경험을 정리하고, 다음 행동을 이끌고, 더 나은 판단을 가능하게 하는 중요한 자원이다. 감정이 곧 사고의 반대가 아니라, 사고가 잘 작동하도록 도와주는 뿌리와 같은 역할을 한다고 볼 수 있다.

감정이 실리지 않은 학습은 효율이 낮다

아이에게 학습 활동은 단순히 문제를 풀고 정답을 맞히는 과정이 아니라, 그때 느끼는 감정에 따라 전혀 다른 경험이 된다. 어떤 아이에게는 학습이 신나고 도전해보고 싶은 일이 될 수 있고, 다른 아이에게는 불안하고 피하고 싶은 일이 될 수도 있다. 이처럼 아이가 학습을 대할 때 어떤 감정을 느꼈는지가 다음 행동에 큰 영향을 미친다.

예를 들어, 열심히 노력했는데도 혼이 나거나 실패한 경험이 남아 있다면, 아이는 비슷한 상황을 피하려고 하거나 긴장하게 된다. 반대로, 작은 성공이라도 칭찬이나 격려를 받으며 기분 좋게 마무리한 경험이 있다면, 아이는 공부를 또다시 해보고 싶어지는 마음이 생긴다. 이러한 감정 반응은 아이의 학습에 대한 태도를 이끌고 조정하는 힘이 된다. 그래서 학습 결과만큼이나 그 과정에서 느낀 감정을 어떻게 받아들이게 하느냐가 매우 중요하다.

우리 뇌에는 감정과 생각을 연결해주는 중요한 부위가 있다. 이 부위는 '배내측 전전두피질(ventromedial prefrontal cortex)'이라고 불리며, 감정을 느낄 때 몸의 반응뿐 아니라 어떻게 판단할지까지 함께 조절하고 통합하는 역할을 한다. 감정과 사고는 서로 연결되어야 효과적으로 작동한다. 감정이 판단의 '방향타' 역할을 해주지 못하면, 아무리 많은 지식이 있어도 실제 상황에서는 올바른 판단을 내리기 어렵다. 결국 아이가 학습을 잘 하려면, 지금 하고 있는 학습과 연결되는 유용하고 적절한 감정 상태를 만들어내는 능력이 필요하다.

아이가 학습 활동이나 주제를 스스로 선택하게 되면, '내가 선택한 일'이라는 주인 의식이 생긴다. 이 과정에서 아이는 자연스럽게 긍정적인 감정을 경험하고, 그 감정이 학습과 연결되면서 훨씬 더 깊고 의미 있는 이해가 이루어진다. 아이가 좋아하는 주제, 흥미를 느끼는 활동과 연결된 학습을 하며 생긴 좋은 감정은 이후에 아이의 학습 동기를 끌어올려 공부를 하고 싶게 만든다.

이러한 정서적 학습이 잘 이루어지려면, 부모는 실수도 자연스러운 배움의 일부로 받아들이는 분위기를 조성해야 한다. 아이가 실패를 두려워하지 않고 도전할 수 있도록, 감정을 표현할 수 있는 여유와 자율성을 느낄 수 있도록 해야 한다. 실수 속에서 배우고, 감동을 느끼는 소중한 순간들을 반복해서 경험하면서 아이는 다양한 감정의 방향타를 키워가게 된다. 이 감정은 앞으로 아이가 새 길을 개척하거나 뜻대로 되지 않았을 때 다시 시도할 수 있는 회복 탄력성과 창의성의 기반이 된다.

학습의 시작은 안전함과 흥미에서 온다

우리가 아이들의 학습을 이야기할 때 자주 간과하는 것이 바로 감정의 영향이다. 아이가 불안하거나 자신감이 없거나, 동기마저 떨어진 상태에서는 아무리 좋은 학습 자료가 있어도 제대로 된 학습이 이루어지지 않는다. 언어학자 스티븐 크라셴(Stephen D. Krashen)은 이를 '정의적 여과장치'라는 개념으로 설명하였다. 이는 아이가 느끼는 부정적인 감정이 마치 뇌 앞에 쳐진 필터처럼 작용하여 중요한 학습 정보를 걸러낸다는 것을 뜻한다.

신경과학 연구에서도 이러한 개념을 뒷받침하고 있다. 연구에 따르면, 우리 뇌에는 불안과 같은 감정을 먼저 감지하고 반응하는 영역이 있으며, 이 부분이 활성화되면 학습과 관련된 정보를 처리하는 뇌의 전두엽, 즉 사고와 판단을 담당하는 영역으로 정보가 잘 전달되지 않는다. 예를 들어, 어떤 아이가 수업 시간에 발표를 하다가 틀릴까 봐 긴장하고 있다면, 그 순간 아이의 뇌는 수업 내용을 받아들이는 데 집중하는 대신, 창피를 당하지 않는 데 더 많은 에너지를 쓰게 되는 것이다. 그 결과 수업에 몰입하지 못하여 그날 배운 내용을 잘 기억하지 못하게 된다.

또한 뇌는 위협뿐만 아니라 흥미롭고 즐거운 자극에도 민감하게 반응한다. 뇌 안에는 감각 정보를 선택적으로 받아들이는 체계가 있는데, 이것은 지루하고 익숙한 것보다는 새롭고 흥미롭고 감정적으로 의미 있는 정보에 더 주목하도록 만든다.

예를 들어, 선생님이 단조로운 말투로 반복해서 설명하는 것보다, 목소리의 톤을 바꾸고, 중요한 내용을 색으로 표시하고, 갑자기 퀴즈를 던지거나 자리를 바꾸어보는 등의 변화가 있으면 아이들의 주의가 깨어나고 뇌가 정보를 더 잘 받아들인다. 이렇게 흥미를 끄는 방식은 뇌가 '여기 뭔가 중요하고 재밌는 게 있어'라고 판단하게 만들어, 학습 정보를 장기 기억으로 더 잘 저장하도록 돕는 것이다.

결국 언어든 수학이든 어떤 과목이든, 아이가 편안하고 흥미를 느끼는 상태에서 배우는 것이 가장 효과적이다. "그냥 반복해서 외우기만 한다고 해서 공부를 잘하게 되는 것이 아니다. 아이가 편안한 상태에서 궁금해하고 관심을 갖는 내용을, 이해할 수 있는 수준에서 배울 때 가장 잘 배운다"는 크라센의 말처럼, 학습은 지적인 노력뿐 아니라 감정의 작용이 함께할 때 비로소 의미 있고 오래 남는 경험이 된다.

긍정적인 학습 습관을
유도하려면

아이들이 공부에 몰입해 흥미를 느낄 때, 뇌에서는 도파민이라는 신경전달물질이 분비된다. 이 도파민은 우리가 기분이 좋아질 때 나오는 물질로, 아이가 공부를 '재미있다'고 느끼게 하거나 '더 해보고 싶다'라는 마음이 들게 하는 데 큰 역할을 한다. 도파민은 쾌감, 집중력, 기억력, 동기를 높여주는 뇌 안의 신경전달물질로, 공부가 힘든 것이 아니라 성취감 있는 활동이 되도록 돕는다.

가령, 아이가 문제를 맞혀서 "됐다!" 하고 뿌듯함을 느끼면, 뇌는 그 행동이 좋은 결과를 가져왔다고 판단해 그 경험과 관련된 기억 회로를 강화한다. 이후 비슷한 문제를 만났을 때도 아이는 그 학습 전략이나 방식을 먼저 떠올리게 된다. 반대로, 만약 아이가 열심히 했는데도 답이 틀렸다면 도파민이 줄어들면서 기분이 나빠질 수 있다. 이때 뇌는 "이건 좀 다르게 해야겠다"라고 판단해 기억 회로를 수정하거나 새로 만들게 된다. 이를 통해 같은 실수를 반복하지 않도록 스스로 학습 전략을 바꾸는 것이다.

아이의 뇌는 학습에서 성취감을 느꼈을 때의 기쁨을 기억하고, 도파민이 나오는 학습 상황을 반복하려는 성향을 가지게 된다. 그래서 아이가 학습에서 성공 경험을 자주 할수록 도전하고자 하는 마음도 커지고, 자연스럽게 다음 단계로 나아가려는 동기가 생긴다.

즉 아이들이 학습에 몰입하고 성취감을 느끼는 데에는 이러한 뇌의 '보상 효과'가 중요한 역할을 한다. 대표적으로 게임에서의 몰입 현상은 이런 효과를 가장 극적으로 보여준다. 게임을 할 때 사람들은 하위 단계부터 차근차근 목표를 이루며 도전해나가는데, 바로 이 과정을 통해 단기적인 성취감과 장기적인 도전 의식이 함께 작동하게 된다. 보상은 상이나 칭찬이 아니라, 스스로 성취했다는 '감정'에서 유발되는 '도파민 분비'다. 이처럼 도파민은 성공적인 선택을 했거나 예측이 맞았을 때 더 많이 분비되고, 그렇지 않을 경우에는 덜 분비된다.

또한 아이들이 실패를 감수하고서라도 문제에 '도전'할 때에도 뇌에서는 도파민이 반응하여 학습이 일어나기 쉬운 상태가 된다. 정답을 맞히든 틀리든, 예측에 대해 도파민이 반응하면 그 경험이 뇌에 인상 깊게 남고, 다음번에는 더 정확한 판단을 할 수 있도록 뇌의 회로가 조금씩 조정된다. 특히 아이가 틀린 예측을 했을 때조차도 즉시 피드백을 받으면, 뇌는 그 실수를 만든 잘못된 정보나 사고방식을 스스로 바꾸려는 방향으로 작동하게 된다.

이런 측면에서 평가와 피드백은 학습에서 매우 중요한 역할을 한다. 학습이 이루어지는 과정에서 아이의 이해도를 점검하고 그에 맞게 피드백을 해주면, 아이는 자신이 어디까지 알고 있는지 확인하면서 스스로를 조정할 수 있다. 특히 적절한 피드백은 아이의 장기 기억을 촉진하고, 추리와 분석 능력 같은 고차원적인 사고 기능을 길러준다. 단, 평가와 피드백이 불안이나 위협으로 느껴지지 않도록 세심하게 접근할 필요가 있다.

학습과 연결된 전전두엽을 잘 활용하려면, 먼저 불안을 유발하는 감정 처리 부위인 편도체의 과도한 경계 반응을 잠재워야 한다. 아이가 학습에 더 편안하게 참여하고 몰입할 수 있도록, 실수를 해도 괜찮다는 분위기, 틀림으로부터 배울 수 있다는 신뢰감이 바탕이 되어야 한다. 그리고 이러한 환경일 때 아이들은 점차 자신감을 회복하고, 더 높은 수준의 심화 학습 활동에도 도전하게 된다. 너무 쉽지도, 너무 어렵지도 않은 수준의 문제를 조금씩 해결해가면서 아이는 자신이 성장하고 있다는 느낌을 갖게 되고, 이에 따라 학습에 대한 동기도 점점 더 높아진다. 그리고 이때 아이는 학습을 통해 긍정적인 도파민 반응을 경험하게 된다.

여기서 무엇보다 중요한 것은, 아이에게 단지 최종 결과나 성적만을 알려주는 것이 아니라, 그 결과에 이르기까지 작은 과정마다 어떤 성취가 있었는지를 보여주는 것이다. "이번에는 지난번보다 더 잘했구나", "처음에는 못 하던 걸 이제 스스로 해냈네" 같은 과정 중심의 피드백은 아이가 자신의 발전을 직접 확인할 수 있게 해주고, 내재 동기를 자극하는 강력한 도파민 반응을 유도한다. 뇌가 이런 성취의 경험을 기억하게 되면, 아이는 다음에도 스스로 도전하고자 하는 긍정적인 학습 습관을 형성하게 된다.

학습 성취의
숨은 열쇠, 감정

학습에 영향을 주는 요인에는 여러 가지가 있다. 나이, 발달 수준, 인지 능력(지능, 작업 기억, 주의력, 기억력 등), 감정 조절을 포함한 자기관리(self-control) 능력 및 동기와 같은 개인적 특성, 아이를 둘러싼 주요 환경인 학교, 가정, 또래 집단의 특성, 가르치는 사람의 특성 모두 학습에 영향을 주는 중요한 요인이다. 그런데 이 중에서 그 중요성에 비해 덜 주목받는 것이 바로 감정 조절 능력과 동기이다.

크게 보면 아이들이 학업 성취를 잘 이루어나가기 위해서는 인지 능력과 비인지 능력이 필요하다. 부모들은 사고력, 이해력, 문제 해결력, 기억력, 비판력, 지식 같은 인지 능력의 중요성에 대해서는 대체로 잘 안다. 그러나 학업 스트레스가 본격화되며, 시험이라는 실전에서 자기 실력을 실수 없이 발휘해야 하는 중·고등학교 시기에 아이들이 학업을 포기하지 않고 꾸준히 지속해나가려면 공부를 하다 좌절을 겪더라도 다시 일어나게 하는 비인지 능력의 힘이 중요해진다.

해외에서 시행된 여러 학습 관련 연구는 학생의 감정 조절 능력이 공부를 잘하는 데 중요한 요소라는 사실을 과학적으로 밝혀냈다. 감정 조절 능력은 인지 능력뿐만 아니라 대인 관계에도 영향을 끼치기 때문에, 감정 조절이 잘 안 되면 아이들은 학교생활, 친구 관계, 공부까지 심각한 어려움을 겪게 된다. 특히 초등학교 때까지는 엄마의 관리 아래서 공부를 곧잘 하다가도 중·고등학교에 가서 학업을 포기하고 담 쌓고 지내는 아이들을 살펴보면, 사춘기를 거치며 감정 조절 능력이 잘 발달되지 못해 학업을 회피하는 경우를 비일비재하게 보게 된다. 그런데도 현실에서는 대부분의 교육이 감정 조절 능력은 무시한 채 인지 능력 개발에만 치우쳐져 있으니 안타까울 따름이다.

누구나 인정하듯, 공부를 잘하기 위해서는 인지 능력이 중요하다. 실제로 초등학교까지는 인지 능력으로 어느 정도 학업 성취가 이뤄진다. 그런데 중·고등학교에 들어가면 공부의 난도가 완전히 달라진다. 일단은 학습 수준이 높아지고 그 양도 많아진다. 더욱이 요즘 많은 학생들이 중학교 때 고등학교 과정까지 선행학습을 하기 때문에 청소년들이 공부 자체에서 느끼는 스트레스나 압박감이 훨씬 커졌다. 이런 압박감 속에서 고등학교 때 공부를 잘하려면, 특히 하루 종일 긴장감을 견디면서 수능 시험을 보거나 한두 문제로 등급이 갈리는 내신 성적을 잘 유지하려면, 인지 능력뿐 아니라 자기 조절 및 정서 관리 능력이 뒷받침되어야 한다. 무엇보다 감정 조절 능력이 갖춰지지 않으면, 본인이 쌓아온 실력을 결과로 보여주거나, 당장 성적이 잘 나오지 않아도 포기하지 않고 끈기 있게 학업을 지속해나가는 데 어려움을 겪을 수밖에 없다. 요즘은 초등학생 학부모뿐 아니라 유치원생 학부모까지도 아이를 명문대나 의대에 보내려는 목표를 세우고 어릴 때부터 아이의 인지 학습에 집중하는 경향이 있다. 그러나 먼 미래를 내다본다면 잠시 숨을 고르고 아이들의 감정 조절 능력을 키워주는 데 관심을 쏟을 필요가 있다.

공부의 성패를 가르는 감정 조절 능력

대치동은 최상위권 학생을 타깃으로 한 학원들이 밀집한 지역이다. 요즘에는 수도권뿐 아니라 지방의 성적 우수 학생들까지 몰려들기 때문에, 선행학습을 잘 따라가는 학생들이 매우 많다는 착시 현상을 일으키는 곳이기도 하다. 실제로 일부 영재나 최상위권 학생들은 선행학습을 무난하게 따라가긴 하는데, 이를 일반적인 현상으로 보기에는 무리가 있다.

내가 이런 상황을 보며 안타까운 점은, 전국에서 뛰어난 아이들이 몰려들다 보니 학원 커리큘럼의 난도가 높게 설정되고 부모들의 기대 수준도 덩달아 높아진다는 것이다. 이로 인해 자기 아이의 실제 학습 수준과는 맞지 않는데도 무리하게 아이를 진도에 끼워 맞추려 하는 경우가 생긴다. 결국 그렇게 무리하게 진도 경쟁에 진입한 아이들은 학습 내용을 제대로 이해하지 못한 채로 학원을 다니게 되고, 시간이 흐르면서 문제가 드러나기 시작한다. 특히 대치동 같은 분위기에서 오래 머물다 보면 아이들 스스로도 학원 레벨에 예민해져서, 좋은 학원의 상위반에 다니는 것을 자랑스럽게 여기거나 거기 들어가지 못하면 마치 실패한 것처럼 느끼는 부작용이 나타난다.

병원이나 클리닉을 방문하는 부모님들이 자주 얘기하는 레퍼토리가 하나 있다. 초등학교 때까지는 공부를 잘하고 학급 임원도 맡는 등 굉장히 뛰어난 아이였는데, 중학교에 와서는 친구를 잘못 만나서 또는 SNS나 게임에 빠지면서 성적이 뒤처지기 시작했다는 것이다. 이렇듯 초등학교 때까지의 과정을 보면 인지 능력이나 기초 학습 능력에 문제가 없던 학생이라도, 중·고등학교에 들어와 학습 수준이 높아지고 또래 관계가 복잡해지면서 좌절을 겪게 되었을 때 그것을 이겨나가는 감정 조절 능력이 부족하면, 성적이나 또래 관계에 문제가 나타나기 시작한다.

우리나라에서 중·고등학교 시기의 공부는 거의 모든 아이들에게 좌절을 안겨주는데, 이는 세계적으로도 악명이 높은 학습 난도와 방대한 분량 때문이기도 하다. 우리나라 청소년들은 이러한 좌절

속에서도 공부를 계속 이어가야 하는데, 공교롭게도 이 시기는 자아 정체성을 형성하고 인생의 의미를 고민하게 되는 사춘기이자 자신이 잘하고 좋아하는 것을 탐색하고 싶은 욕구가 커지는 시기이기도 하다. 그런데 성적이 잘 나오지 않는 상황에서 지루하고 좌절만 안겨주는 공부를 계속해나가는 일은 누구에게나 쉽지 않다. 아이가 스스로 공부에 의미를 찾고 나름의 재미를 발견하며 스스로 학습 동기를 부여하지 않는다면, 중·고등학교 시기는 학업을 끝까지 버텨내기 힘든 시기가 될 수 있다.

  초등학교 때는 아이에게 보상을 제시하거나 칭찬을 해주면서 하기 싫은 공부를 하게 만들 수 있다. 하지만 중·고등학교 때는 아이 스스로 내재된 동기와 의미를 찾지 못하면, 또 좌절을 이기고 나아가는 마음 근력이 없다면 지속하기가 힘들다. 동기, 자신감, 끈기, 회복 탄력성 등을 잘 키워나간 학생들만이 끝까지 공부를 잘 해나가는 것이다.

감성지능(EQ)과 지능지수(IQ)

여기서 잠시, 공부 감정을 다룰 때면 빠지지 않고 등장하는 감성지능(Emotional Intelligence) 얘기를 하지 않을 수 없다. 감성지능은 미국의 심리학자 대니얼 골먼이 『EQ 감성지능』이라는 책을 통해 대중들한테 널리 알린 개념이다.

간단히 요약하자면, 감성지능이란 자신과 타인의 감정을 인식하고 잘 구별해서 그것을 토대로 자기 생각과 행동을 잘 조절하는 능력이다. 감성지능을 구성하는 요소로는 다음과 같은 것들이 있다.

- 자신과 타인의 감정을 정확히 알아차리는 '감정 인식'
- 의사결정 시 감정을 적절히 활용하는 '감정 이용'

- 감정의 원인과 결과를 이해하는 지식 및 감정을 묘사하는 어휘력의 풍부함을 뜻하는 '감정 이해'
- 긍정적 감정은 강화하고 부정적 감정은 완화시키는 '감정 조절' 능력

그동안 감성지능과 학업 성취도의 관계를 다룬 연구가 활발히 진행되었는데, 그중에서도 특히 감정 이해와 감정 조절 능력이 학업 성취에 매우 중요한 역할을 하는 것으로 나타났다. 감성지능이 뛰어난 아이들은 학습 과정에서 느끼는 어려움이나 지루함을 잘 견디고 극복하며, 선생님과 또래와의 관계도 원만히 유지한다. 또한 감정에 대한 이해는 인간의 동기와 심리, 타인과의 상호작용을 다루는 인문학 과목의 내용과 밀접하게 연결되어 있어, 감성지능이 뛰어난 학생들은 인문학적 학습에서도 두각을 나타내는 편이다. 최근 들어 소통, 리더십, 팀워크, 타문화 이해력과 같은 사회적 감성 능력(social-emotional skill)이 교육 현장에서 강조되면서, 학습뿐 아니라 학교생활 전반에서 감성지능의 중요성은 점점 더 커지고 있다.

내가 만난 학생 중에는 IQ가 높아서 멘사 회원이지만 서울 소재 대학에 진학하지 못해서 힘들어하는 경우도 있었고, IQ가 평균 정도인데도 명문대에 진학한 학생도 있었다. 명문대에 진학한 학생은 의지가 강하고 어릴 때부터 스스로 계획을 세우고 반드시 실천하

려고 노력해온 아이였다. 상위권 학생치고는 선행학습도 별로 하지 않았지만, 친구들보다 늦었다고 조바심치거나 포기하지 않고 차근차근 공부를 해나가며 반 친구들과도 원만하게 잘 지냈고, 동아리 활동에도 적극적이었다. 감정 조절 능력이 아이의 재능임을 보여주는 사례라 할 수 있다. IQ는 인간의 능력 중 극히 일부만을 측정하는 것이기 때문에 IQ가 낮다고 위축될 필요가 없다. 성적이 원하는 만큼 안 나오더라도 공부를 해나가는 과정을 통해 생활에 필요한 기본적 지식을 익히고, 스스로 계획하고 시행착오를 거치면서 자신에게 맞는 학습방법을 찾고, 또래들과 학교생활을 원만하게 하면서 성실, 끈기, 사회성 등을 키워나간다면 감성지능이 향상되면서 향후 인생을 살아가는 데 필요한 중요한 자산을 얻을 수 있다. '성적도 안 나오는데 뭐 하러 공부를 하나'라며 한탄하는 학생들을 보면 안타까운 마음이 드는데, 그 학생들에게 꼭 해주고 싶은 말이다.

3장

공부 감정이 다쳤을 때

공부에 대한 트라우마

인간의 뇌는 근육과 같아서 자주 연습하고 사용하는 부분일수록 더 강화되고 기능이 좋아진다. 신경과학 실험에서 쥐에게 전기 충격과 같은 강한 스트레스를 주면 실제로 신경가소성을 일으키는 메커니즘이 동결(freeze)된다. 얼어붙어서 메커니즘이 작동하지 않는다는 것, 즉 신경가소성이 없어진다는 것은 학습이나 기억이 일어나지 않음을 의미한다. 이런 상태에서는 학습에 매우 중요한 집중력, 단기 기억력, 장기 기억력이 다 저하된다.

우리 아이들에게도 이와 비슷한 현상이 나타나는데, 대표적인 예가 바로 시험 불안이다. 특히 많은 학생이 가장 두려워하는 과목이 수학인데, 수학에 대한 공포 때문에 소아청소년 정신과나 상담센

터를 찾는 경우가 꽤 있다. 최근에는 수학 불안(math anxiety)에 대한 뇌 영상 연구도 진행되었다. 우리 뇌에는 고통과 두려움을 느낄 때 활성화되는 신경 회로가 있는데, 이를 '고통-두려움 회로(pain-fear pathway)'라고 부른다. 최신 연구에 따르면, 수학 불안을 가진 아이들은 실제로 수학 문제를 접할 때 마치 두려움과 통증을 느끼는 것과 비슷한 뇌 반응을 보인다. 마치 쥐가 고양이를 만났을 때 몸이 굳고 생각이 정지되는 것처럼, 수학 문제를 보는 순간 생각이 멈추고 아무것도 떠오르지 않는 상태가 되는 것이다. 당연히 이 상태에서는 문제를 제대로 풀 수 없어 성적이 떨어지게 되고, 반복될수록 수학에 대한 공포감이 더 심해져서 아무리 공부해도 성적이 오르지 않는 악순환에 빠지게 된다. 수학이라는 말만 들어도 가슴이 뛰고 손이 떨리는 상태라면 수학을 잘하는 건 불가능에 가깝다. 최근에는 수능 국어 과목이 지문이 길고 어려워지면서, 시험 첫 과목인 국어 시험지만 받아도 순간적으로 아무 생각이 안 나고 멍해지거나 긴장감에 압도되는 아이들이 늘고 있다. 이는 시험 환경과 공포 반응이 결합되어 나타나는 현상이다.

앞서 살펴보았듯이, 불안은 본래 생존과 관련된 문제라고 자각할 때 활성화되는 감정이기 때문에 인간의 불안과 공포를 자극하면 아이들에게 어떤 행동을 하도록 동기를 불러일으킬 수 있다. 그래서 어른들은 아이가 공부했으면 하는 마음에서 끊임없이 아이들의 불안 심리를 자극한다. 하지만 불안을 지나치게 자극하면, 아이는 부모의 의도와는 달리 공부에 상처를 입고 결국 피하거나 포기하게 된다.

전문가들이 말하는 트라우마에는 '스몰 트라우마'와 '빅 트라우마'가 있다. 스몰 트라우마(small trauma)란 일상에서 자주 겪는 작고 사소한 트라우마들이 반복적으로 쌓여 생긴 마음의 상처를 의미한다. 크고 충격적인 사건에 의해 생긴 빅 트라우마가 아니라 사소한 실패, 꾸중, 비교, 무시 같은 작은 상처들이 반복되어 오래 쌓이면 아이들은 자신감을 잃고 자존감도 낮아진다. 예를 들어, 부모가 아이에게 "너는 왜 이것밖에 못 하니?"라고 자주 말하거나, 선생님이 아이의 실수를 계속 지적하는 상황이 반복되면, 이런 일들이 각각은 작아 보여도 시간이 지나면서 아이의 마음에 상처가 축적되면서 불안이나 우울감 같은 감정이 점점 커지게 된다. 즉, 이런 부정적 감정이 쌓여 아이의 마음을 조금씩 갉아먹다가 결국 큰 정신적인 어려움으로 이어질 수 있는 것이다. 학습에서도 마찬가지이다. 시험 성적이 낮다고 혼내고, 남과 비교하고, 공부하라고 겁주는 어른들의 말과 행동이 몇 년간 반복되면 아이들은 자신도 모르게 정서적으로 위축되고 자신감과 학습 동기를 잃어버리게 된다.

많은 자녀교육 전문가들이 "옆집 아이와 자꾸 비교하는 것도 일종의 언어 폭력이자 트라우마가 될 수 있다"라고 말한다. 부모 입장에서는 무심코 하는 일상적인 말과 행동일지라도 아이들에게는 정신적 상처로 남을 수 있다는 뜻이다. 특히 기질적으로 예민하고 소심한 아이들에게는 이런 비교와 압박이 누적되면 큰 스트레스로 작용하고, 심리적으로 힘든 시기에는 정신적, 신체적 문제를 일으켜 공부를 포기하게 만드는 결과로까지 이어질 수 있다. 실제 동물 실험에서도 반복적인 부정적 자극이 스트레스를 높이고, 그 결과 뇌 발달이 지연되고 신체 건강까지 나빠지는 현상이 확인된 바 있다.

우리 아이들은 어릴 때부터 "공부를 잘해야 좋은 대학에 가고, 그래야 좋은 직업을 가질 수 있다"는 이야기를 수도 없이 들으며 자란다. 그렇기 때문에 '공부를 못한다'라는 것은 단순한 성적 문제가 아니라, 아이의 가능성과 미래를 부정당하는 것으로 받아들여질 수 있다. 결코 작은 심리적 충격이라 할 수 없다. 이는 결국 현재의 교육 및 입시 시스템은 아이들에게 공부 상처, 공부 트라우마를 유발하기 쉬운 환경이라는 것을 의미한다.

부모와 아이의 공부 갈등:
대치동 키즈의 학창 생활

대개 초등학교 5학년경부터 우리 병원을 찾아오는 아이들이 급격히 늘어난다. 아마도 이 시기부터 그간 누적된 학습 스트레스나 부작용이 본격적으로 모습을 드러내기 때문일 것이다. '4세 고시', '7세 고시' 등 학원 입학 테스트 경쟁이 치열하기는 하지만, 초등학교 저학년 때는 성적이 다소 낮더라도 부모들이 '아직 어리니까', '좀 더 지켜봐야지' 하며 기다리는 편이고, 아이들도 아직 어려서 부모님이나 선생님께 크게 반항하거나 극단적인 행동을 보이지는 않는다. 하지만 빠르면 초등학교 4~5학년 무렵부터 부모의 기대와 아이의 실제 능력이 점점 엇갈리기 시작하면서 문제가 불거지기 시작한다.

우리 병원이 위치한 강남구 대치/도곡동 지역은 전국에서도 학습 경쟁이 가장 치열한 곳이다. 여기서는 보통 초등학교 5학년쯤이면 이미 상당히 진도가 빠른 선행학습이 진행되고, 수업을 따라가지 못하는 아이들이 나타나기 시작한다. 대치동에서 인기가 높은 영재학교나 과학고, 전국 단위 자사고 준비 과정은 대체로 초등학교 5~6학년 무렵부터 본격적으로 시작된다. 이 시기에는 특목고 합격률이 높은 유명 학원의 입학 테스트가 진행되며, 본격적인 경쟁의 서막이 열린다. 최근에는 의대 진학에 다소 불리하다는 인식으로 인해 영재학교나 과학고의 인기가 예전보다 줄어들었다고는 하지만, 여전히 많은 부모들은 이 준비 과정을 의대나 SKY 대학 진학에 필요한 수학, 과학, 수리논술의 기초를 빠르게 다질 수 있는 기회라고 여기고 있다. 그래서 아이가 실제로 영재학교 진학을 희망하지 않더라도 이 코스를 선택하는 경우가 적지 않다. 이후 중학교 3학년쯤 되면 의대 진학을 염두에 두고, 고교 내신 대비에 초점을 맞춘 일반고나 자사고 과정으로 전환하며, 그 전에 고등학교 수학과 과학 과정을 모두 끝내놓는다는 계획을 세운다.

이러다 보니 초등학교 고학년 아이 부모님들이 병원에 와서 가장 자주 호소하는 고민이 바로 "아이 학원 성적이 잘 안 나온다"는 것이다. 내게 오는 학생들을 보면 실제로 인지적, 정서적 어려움이 있는 아이들도 있지만, 상당수가 특별한 문제가 두드러지지 않은 평범한 아이들이다. 많은 부모들이 아이 성적이 기대만큼 안 나오거나 학원 테스트에서 자꾸 떨어지면 자기 아이가 혹시 '조용한 ADHD(주의력결핍과잉행동장애)'나 학습장애가 있는 것은 아닐까 걱정하며 전문적인 검사나 평가를 받고 싶어 한다. 선행학습이 아이 수준에 맞지 않을 때, 이를 따라가지 못하는 것은 이상이 아니라 너무나 당연한 것인데도 말이다.

어른들도 회사에서 지나친 격무에 시달리다 보면 번아웃이 와서 "내가 왜 이렇게 살고 있나" 하는 회의감에 빠진다. 아이들도 마찬가지이다. 지나친 선행학습 시스템 속에서 어려운 공부에 시달리다 보면 반항심도 생기고, 스마트폰 세상에 빠져 현실도피를 하며 스트레스를 풀기도 한다. 아이들이 학원을 빠지거나 숙제를 안 하는 경우도 종종 생기는데, 이런 행동들이 모두 특별히 심각한 문제 행동은 아니다. 사실 아이를 키우면서 학원 빠지고 숙제 안 해서 걱정 한 번 안 하는 부모가 과연 얼마나 있을까? 이러한 일들은 아이들이 성장하는 과정에서 충분히 나타날 수 있는 자연스러운 모습이다. 그나마 아이가 초등학생일 때는 대개 부모의 말을 잘 따른다. 그러나 중학교에 들어가면 아이들의 반항이나 학원 거부가 좀 더 강해진다. 특히 중2 때부터는 학교에서 본격적으로 시험을 보고 성적이 나오기 시작하는데, 그 첫 성적을 보고 많은 부모가 충격을 받는다. 그동안 아이가 학원에 다니면서 테스트 성적도 괜찮게 나오고 선생님들 피드백도 좋아서 당연히 문제없이 전 과목 A를 받고 특목고에 갈 거라고 생각했는데, 학교 성적이 처참히 낮은 것이다. 그러면 부모는 자신이 아이를 너무 믿고 있었던 게 아닌가, 우리 아이에게 집중력 장애나 학습 문제가 있는 것은 아닌가 하면서 상담을 받으러 온다.

충격을 받는 것은 아이들도 매한가지이다. '다른 친구들은 고등학교 과정도 척척 따라가는 것 같은데 나는 머리가 나쁜가?', '공부가 길이 아닌가?' 등등 고민하며 학원을 바꾸거나 다른 진로를 생각해보기도 한다. 기질에 따라 중학교 때부터 문제 행동이 시작되는 일부 아이들도 있다. 심하게 반항을 하고, 엄마 연락을 안 받고, 학교 폭력에 가담하고, 등교를 거부하기도 한다. 이런 경우에는 부모도 공부가 문제가 아니라 일상생활만 제대로 해도 걱정이 없겠다며 한탄한다.

그러다 고등학교에 들어가서 성적에 따라 내신 등급이 나뉘고, 한 문제 맞고 틀리는 걸로 등급이 왔다 갔다 하고, 대학에 가느냐 못 가느냐 하는 상황이 되면, 부모도 아이도 극단적인 스트레스 상황에 빠져들게 된다. 오히려 고등학교 때에는 많은 아이들이 중학교 시절에 비해 문제 행동이 줄어드는 편이고 자신의 미래와 진로에 대한 진지한 고민이 시작된다. 이 시기에 성적이 기대만큼 나오지 않으면 아이들은 '이번 생은 망할지도 모른다'라는 불안감에 사로잡혀 극심한 스트레스를 겪는다. 아이들은 불안감을 상쇄하기 위해 "어차피 내신이 나빠 수시로 대학 가기는 글렀으니 나는 정시파야", "재수하면 되지" 같은 말로 위안을 삼고, 학교 시험 준비를 포기하거나 공부를 점점 뒤로 미루기도 한다. 하지만 아이들의 마음속에서는 여전히 불안이 가시지 않는다. '내신도 이렇게 힘든데 하루 만에 결정되는 수능을 과연 내가 긴장하지 않고 잘 볼 수 있을까?' 라는 생각이 머릿속을 끊임없이 맴돌기 때문이다. 내가 진료실에서 만나는 학군 지역의 고등학생들은 다양한 정신 건강 진단을 받는다. ADHD, 불안장애, 우울증, 공황장애, 강박증, 신체화장애 등 정신과에서 흔히 접하는 진단명들이다. 하지만 그 원인을 깊이 들여다보면 대부분은 결국 '공부'라는 이름의 스트레스와 갈등에 닿아 있다. 실제로 공부와 성적이 아이들의 삶 전반을 지배하며 아이들 인생 자체를 쥐고 흔든다는 생각마저 들 정도다.

대치동이라는 지역에는 다른 동네에 비해 교육열이 높은 부모들이 압도적으로 많다 보니 아이도 부모도 성적 앞에서 많이 흔들린다. 대체로 중산층 이상인 가정환경에서 경제적, 문화적으로 부족하지 않게 자란 아이들이고, 부모님들도 교육 수준이 높은 편이어서 아이들을 막무가내로 대하지는 않지만, 공부 면에 있어서는 아이에게 지나친 기대나 다른 아이들과의 비교로 상처를 많이 주는 편이다. 그러면 최상위권 아이들의 부모는 행복할까? 공부 잘하는 아이들 엄마도 아이 성적이 떨어질까 봐 불안에 시달린다. 한두 개의 실수로 결정되는 내신 등급, 하루의 시험으로 결정되는 수능, 선택과목 유불리 여부 등 골치 아픈 문제가 한두 개가 아니다. 결국 이곳에서는 공부를 잘하든 못하든 어느 누구도 마음이 편하지 않은 셈이다.

"공부 못하면 인생 망한다"

아이들의 공부에 있어 중요한 것은 학업 효능감이다. 학업 효능감은 아이가 스스로 학습을 잘 해낼 수 있다는 믿음을 갖고, 실제로 성취감을 경험할 수 있을 때 형성된다. 이를 위해서는 아이가 잘하는 것을 발견하고, 자신의 수준에 맞는 과제를 수행하며 성취감을 느낄 수 있도록 돕는 것이 중요하다. 아이들은 아직 정서적으로 미숙하고 좌절을 견디는 힘이 약하기 때문에, 반복적으로 어려운 과제에 부딪히다 보면 이를 극복하기보다는 쉽게 포기하는 경우가 많다. 따라서 꼭 공부가 아니더라도, 아이가 흥미를 느끼는 분야에서 효능감을 경험할 수 있도록 부모는 세심한 배려로 다양한 기회를 열어주어야 한다. 아이마다 재능과 성향은 다르기 때문에, 어떤 아이는 예체능에 소질을 보이고, 또 어떤 아이는 인성이 곱고 예의 바르며 집안일이나 친구를 돕는 것을 좋아한다. 중요한 것은 아이가 자신을 가치 있는 존재라고 느끼고, 무언가를 잘 해낼 수 있다는 자신감과 자존감을 키워주는 환경을 가정에서 조성해주는 일이다.

아이들은 성취에 대한 기준과 가치를 가족을 통해 배우며, 가족의 영향력이 매우 크다. 아이의 인성이나 성실성보다는 성적, 체면, 지위 같은 외적 성과만을 지나치게 강조하는 가정이 꽤 있다. 특히 지나치게 성취 지향적이고 결과 중심적인 분위기에서는 '이렇게 성적이 안 나오면 엄마가 창피해서 못 다니겠다'라며 수치심을 자극하거나 '어느 집 아이는 이렇게 잘하더라'라고 비교해 아이에게 상처를 준다.

아이들은 본래 어른에게 인정과 사랑을 받고 싶어서 열심히 노력한다. 하지만 모든 아이가 공부 재능을 타고나는 것은 아니기 때문에, 성적이 기대에 못 미치는 아이들이 있다. 이때 부모가 아이의 상황을 이해하고, 아이에게 맞는 학습 난도와 진로 방향을 찾아주며 작은 성취를 자주 경험하도록 도와준다면, 공부에 대한 상처가 예방되고 학습 동기를 키워줄 수 있다. 중요한 것은 부모가 아이에게 과도한 기대를 걸기보다 아이를 있는 그대로 받아들이고 지지해주는 태도다.

공부와 성취만을 지나치게 강조하면, 아이는 성적이 잘 안 나올 경우 무력감과 절망에 빠질 수밖에 있다. 더 심해지면 우울증에서도 가장 위험한 증상인 '무망감(hopelessness)'이 아이들에게 나타날 수 있다. 이 무망감은 자존감을 무너뜨리고 자살 같은 극단적인 생각으로 이어지기도 한다. 실제로 요즘 아이들은 "이생망(이번 생은 망했다)"이라는 용어로 자신들이 느끼는 막막함이나 절망감을 표현한다.

부모는 공부만이 전부라는 시각에서 벗어나 플랜 B, 즉 아이가 성취를 경험할 수 있는 다른 대안도 함께 열어둘 필요가 있다. 공부가 버거운 아이에게는 예술, 운동, 사람과의 관계 등에서 자신감을 가질 기회를 제공하는 것이 중요하다.

아이들이 학교와 학원에서 이미 많은 스트레스를 받고 있는 상황에서, 가정은 아이들이 위로받고 회복할 수 있는 편안한 공간이 되어야 한다. 하지만 현실은 어떤가. 학원에서 밤늦게 돌아온 아이에게 "숙제 안 했지?", "학원에서 문자 왔는데 이번 학원 테스트에서 평균도 안 나왔다며?" 같은 말로 엄마가 아이에게 또 다른 상처를 남긴다. 이런 일상의 반복 속에서 아이들은 점점 부모와의 대화를 피하고, 자기 방에 틀어박혀 게임이나 SNS로 스트레스를 해소하려고 한다. 그러면 엄마가 "숙제 안 하고 뭐 해"라고 또 한소리를 한다.

진료실에서 많은 아이들이 "부모님이 나를 사랑하는 데 조건이 있다고 느껴요", "학교에서도 평가받고 학원에서도 평가받는데, 부모님까지 그러면 너무 힘들어요"라고 이야기한다. 어떤 아이는 "부모님은 저를 투자 대상으로 보는 것 같아요"라고 말한다. "이만큼 학원비를 썼는데 왜 성적이 이 모양이야"라는 부모의 말은 아이를 더욱 힘 빠지게 한다. 실제로는 공부가 힘들어도 학원에 가고 나름대로 열심히 해보려 애쓰지만, 노력에 비해 성적이 잘 나오지 않는 경우가 많다. 그럼에도 부모는 결과만 보고, 사교육비 들인 만큼의 성과가 없다고 아이를 야단친다. 아이는 자신의 노력이 무시당했다는 느낌을 받게 되고, 스스로를 하찮고 무력한 존재로 여기게 된다.

부모가 해야 할 가장 중요한 역할은, 아이를 성적으로만 평가하지 않고 있는 그대로의 존재로 존중하고, 실패와 좌절 속에서도 아이를 믿고 지지하는 것이다. 아주 단순해 보이지만 숱하게 검증된 진리다. 그런 부모의 태도가 아이에게는 가장 강력한 회복 탄력성의 기반이 된다.

원석이는 재수생이었다. 대치동에서 재수를 하려면 비용이 엄청나게 든다. 한 달에 몇 백만 원씩 학원비가 드는데도 아버지는 아들을 열심히 지원해왔다. 하지만 원석이가 열심히 공부함에도 불구하고 성적이 좀처럼 오르지 않자, 결국 아버지는 "이제는 경제적으로 힘들어서 더 이상 지원을 못하겠다"라며 다니던 재수 종합학원을 그만두고 독학 재수를 하라고 선언해버렸다. 원석이에게는 큰 충격이었다. 어릴 때부터 늘 사교육을 받으며 공부를 해서 그런지 원석이는 학원에 안 가면 불안한 아이였다. 그런 그에게 학원을 갑자기 그만두라는 말은 청천벽력처럼 느껴졌고, 공부하려고 할 때마다 두통에 시달렸다.

아버지는 공부를 더 열심히 하라고 자극을 주기 위한 말이었다고 했지만, 아이에게는 너무 큰 상처가 되었다. 그 상황에서 어머니가 아버지를 말리려다 결국 부부 싸움으로까지 번졌다. 원석이는 "이젠 아빠 돈은 절대 안 쓸 테니 신경쓰지 마세요"라며 학원을 그만두어 버렸다. 원석이의 말 속에는 단순한 미안함을 넘어서 부모에 대한 서운함과 분노, 그리고 자신에 대한 수치심이 뒤섞여 있었다.

당장 성적이 잘 안 나와도 부모님이 아이를 믿고 지지해주면 아이들은 미안해서라도 잘해보려고 한다. 아이들은 '엄마 아빠를 봐서라도 내가 이렇게 살면 안 되겠구나'라며 변하려고 한다. 그런데 아이의 노력보다는 결과를 강조하면서 원석이 아버지처럼 아이에게 분노와 수치심을 일으키면, 그 상처가 아이의 마음속 깊이 박혀버릴 수 있다. 상처받은 아이는 부모를 피하게 되고, 소통이 완전히 끊기는 안타까운 상황으로 이어지기도 한다.

내가 만난 부모들은 성장기 내내 "공부 못하면 인생 망한다"는 얘기를 듣고 자란 세대이다. 그래서 자녀들에게도 무심코 같은 말을 반복하는 경우가 많았다. 하지만 요즘 아이들은 그러한 말들을 정서적 학대로 받아들인다. 언론이나 방송을 통해 "언어 폭력도 정서적 학대다", "신체적 학대만이 학대가 아니다"라는 전문가들의 의견을 많이 들으며 자라왔기 때문에 아이들의 학대에 대한 인지와 감수성이 부모 세대와는 판이하게 다르다.

아이들은 열심히 해도 결과가 잘 나오지 않으면, 겉으로 표현하지 않더라도 마음속으로 '나는 능력이 없나 봐', '나는 바보인가?'라는 부정적인 자기 인식을 만들기 쉽다. 이럴 때 "다른 집 아이는 혼자 공부해서 의대 갔다더라. 너는 뭐냐"라는 식의 부모의 말은, 아이의 자존감을 무너뜨리게 할 수 있다. 받아들이는 정도는 아이마다 다르지만, 이런 비교와 압박은 전반적으로 아이에게 도움이 되지 않는다. 부모 의도대로 그 말을 듣고 정신 차리는 경우보다 부모에게 서운한 마음이 생기는 경우가 훨씬 많다.

희연이는 어릴 때부터 부모가 한 문제만 틀려도 체벌하는 식으로 키웠다. 이 아이는 중학교 때 공부를 정말 열심히 했다. 그래서 내가 칭찬의 의미로 대단하다고 말해줬는데, 희연이가 이렇게 말했다. "선생님, 저는 꼭 기숙사 학교 가서 이놈의 집구석에서 벗어날 거예요. 아직은 제가 어리니까 부모님이 고등학교 때 독립시켜줄 리는 없고, 제가 집을 떠날 수 있는 유일한 방법은 집에서 멀리 떨어진 좋은 고등학교에 가는 거예요. 저, 대학에 들어가면 엄마 아빠 안 보고 살 거예요."

희연이의 말을 들으면서 마음이 참 아팠다. 부정적 감정을 유발하여 학습 동기를 활성화시킨 경우인데, 자녀가 부모님을 거의 증오의 대상으로까지 생각하게 되었다는 게 정말 안타까웠다. 아이가 공부를 열심히 한다 해도 부모님의 양육 방식이 성공적이라고 말하기 어려운 경우였다.

진학의 갈림길에서
흔들리는 아이들

학군 지역의 아이들은 어려서부터 부모나 선생님, 주변 또래 친구들의 학업 성취에 대한 가치관을 내재화하여 본인도 진학에 대한 욕심이 과한 경우가 많다. 그래서 어떤 경우에는 내가 보기에 그 학교에 가면 고생할 것 같은데도 아이가 가겠다고 우기기도 한다.

자기 역량보다 더 힘든 자사고에 진학한 은서라는 아이가 있었다. 부모님도 엘리트이고 학벌을 매우 중요시하는 집안이었다. 은서는 정말 열심히 하는 아이였지만 머리가 좋은 편은 아니었다. 병원에서 측정해보니 IQ가 90 정도였다. 평균 하 수준의 지능으로 중학교 3학년 학업을 따라가기가 쉽지 않았을 것이다. 성적이 안 나와서 특목고는 포기했는데, 아이가 추첨으로 선발하는 명문 자사고를 가겠다고 했다. 부모는 은서의 IQ가 평균 하 수준인 것을 몰랐다가 중학교 2학년 때 검사를 받고 나서 충격을 받고는 마음을 비우고 일반고에 보내기로 결정했는데, 아이가 자사고에 가겠다고 한 것이다. 자존심 상하지 않게 아이에게 한번 물어보았다. 자사고 가면 내신 등급이 훨씬 안 나올 수도 있는데 왜 가고 싶으냐고. 그랬더니 은서가 이렇게 대답했다. "선생님, 저는 일반고에 가도 평균 이상의 성적을 받기 어려워요. 제가 자사고 가서 내신 잘 받으려는 것이 아니고요, 내신은 포기했어요. 자사고 가면 열심히 하는 애들이 많으니 그런 분위기를 타야 제가 해이해지지 않을 것 같아요." 적어도 공부하는 분위기 속에 있으면 정시로라도 더 나은 대학에 갈 것 같다는 것이었다. 그래서 "성적 안 나와도 자존심 무너지지 않을 자신 있는 거지?" 하고 물었더니 "선생님, 이건 비밀인데요, 일반고에 가서도 성적이 안 나오면 그땐 정말 부모님한테 핑계가 없어요"라고 했다. 그 말을 들으니 너무 안쓰러웠다. 부모한테 인정받고 싶은 마음이 있었던 것이다. 그래서 "너희 부모님은 크게 기대 안 한다고 하셨어"라고 했더니 "선생님, 겉으로는 그렇게 얘기해도 기대를 못 버리셨어요"라고 말했다. 은서의 동의를 받고 부모님을 만나 이런 상황을 말씀드렸더니 아이와 솔직하게 얘기 나눠보겠다고 했다.

　부모들은 아이가 어떤 학교에 가면 좋은지에 관심이 지대하다. 아이들 한 명 한 명 이야기를 들어보면 각각 아이가 지닌 기질과 성향, 동기, 부모와 자녀 간의 관계, 어릴 때부터 자라온 배경, 가치관이 달라서 일률적으로 말씀드리기가 어렵다. 그렇기 때문에 나는 부모들에게 자기 아이의 마음을 잘 알아야 한다고 강조한다. 부모님이 아이 마음을 잘 안다면 아이의 마음이 편안한 쪽으로 선택이 달라질 수 있기 때문이다.

그리고 아이들이 생각보다 자기 부모님의 가치관과 기대의 영향을 많이 받고 있다. 고등학생 정도 되면 어느 정도 독립적이고 진로에 대한 자기 주장을 할 수 있어야 하는데, 우리나라 아이들은 부모의 기대에서 자유롭지 못하고, 부모에게 인정받고 싶어 하는 편이다. 그런 아이들을 보면 안쓰러운 마음이 많이 든다. 우리나라 특유의 가족주의, 다른 사람의 시선에 민감한 분위기, 견고한 학벌주의 때문이기도 하고, 어릴 때부터 서양에 비해서는 독립심을 덜 강조해서 그렇기도 하다. 시대가 달라지는데도 학군 지역에서는 아이 성적이 부모의 자부심이 되는 분위기가 아직도 여전하다.

우석이는 중3 남학생인데 아주 똑똑하고 키가 180센티미터가 넘는 체격이 좋은 아이였다. 과학고를 준비하다가 떨어진 후 우울감과 불안감이 심해져 진료를 받으러 왔다고 했다. 내가 많이 속상하냐고 물었더니 "엄마가 불쌍해요. 우리 엄마 어떡해요" 하며 덩치 큰 아이가 눈물을 뚝뚝 떨어뜨리며 울었다. 엄마가 어릴 때부터 진학을 위해 매니저 역할을 하면서 빚을 내가며 비싼 학원비를 대고, 밤늦게 데리러 오고, 정성스럽게 도시락도 손수 싸주는 등 자신을 위해 희생을 많이 했다고 느꼈던 것이다. 천성이 순하고 착한 아이라서 사춘기 시기에도 엄마로부터 정서적으로 분리가 잘 안 되고 엄마의 기쁨을 위해 공부를 해왔기에 과학고 낙방에 대해 자책이 심하여 우울증까지 생긴 경우였다.

물론 반항하고 말 잘 안 듣는 아이라고 해서 엄마를 미워한다고 볼 수도 없다. 진학에 실패하면 부모의 인정과 사랑을 잃을지도 모른다는 불안감이 커지니 자신의 실력이나 노력 부족을 있는 그대로 인정하지 못하고 남 탓을 하면서 부모에 대한 반발심이나 분노로 반응하는 경우가 종종 있다.

우리나라에서 공부를 둘러싼 얘기에는 가족이 다 들어 있다. 입시제도가 자꾸 바뀌고 경쟁은 너무 치열하니까 공부 잘하는 아이든 못하는 아이든 관계없이 아이는 물론, 엄마들까지 거의 신체적, 심리적으로 번아웃 상태에 빠진다. 대치동에서는 애가 공부를 잘하면 오히려 고등학교 때 엄마가 직장을 그만둬야 한다는 자조 섞인 농담 반 진담 반의 말이 엄마들 사이에서 회자된다. 아이가 상위권이라 의대나 명문대를 목표로 하면 입시 뒷바라지의 난도가 훨씬 올라가니 나온 말이다.

상처가 되는
부모의 말

아이들의 '공부 감정'을 부정적으로 만드는 부모의 말이 있다. 나는 그동안 많은 상담을 통해 이러한 말들을 다섯 가지 유형으로 정리해본 적이 있다. 안타깝게도 이 말들은 아이들에게 마치 독처럼 작용한다.

"엄마가 너 때문에 창피해서 얼굴 들고 다니겠니?"

아이에게 깊은 수치심을 자극하는 말이다. 이런 말을 들은 아이는 세상에서 가장 믿고 의지하는 부모마저 자신을 부끄러워한다고 느끼게 된다. '부모님도 나를 창피해하는데, 세상에 누가 나를 인정해줄까?' 하는 생각에 빠지게 되는 것이다. 결국 아이는 스스로를 못난 존재로 여기며 자책감에 시달리고, 자존감은 바닥으로 떨어진다. 더 큰 문제는, 이러한 말이 엄마와 아이 사이의 애착 관계를 근본부터 흔들어놓는다는 점이다. 애착이란 아이가 공부를 잘하든 못하든 어떤 모습이든 상관없이 존재 자체만으로 부모에게 사랑받고 있다는 믿음에서 비롯된다. 안정적인 애착은 아이가 자신감을 갖고 세상을 탐색하며 새로운 것에 도전하고 건강한 대인 관계를 맺는 데 가장 기본적인 토대가 된다. 부모와의 안정적 애착이야말로 아이의 긍정적인 공부 감정을 키우는 밑거름이 된다는 사실을 기억해야 한다.

"이 힘든 세상을 앞으로 어떻게 살려고 그러니?"

이런 말은 아이들의 불안을 자극한다. 물론 세상이 점점 더 빨리 변화하고 경쟁이 갈수록 심해지고 있다. 부모들 또한 불안 속에서 삶을 영위해나간다. 세상살이가 점점 어려워지니 이런 말로라도 아이에게 동기 유발을 해서 공부를 하게 만들겠다는 부모의 마음도 어느 정도 이해는 간다. 하지만 불안을 해결하려면 오늘 하루하루를 충실히 살아서 '내가 헤쳐나갈 수 있다'라는 자신감이 쌓여야 한다. 그런데 과연 아이에게 불안을 주입시키는 말로, 앞으로 다가올 미래의 불안을 헤쳐나갈 힘을 줄 수 있을까? 세상이 빠르게 변하고 불안정해질수록 아이들에게는 부모의 흔들리지 않는 확고한 지지와 자녀에 대한 믿음을 표현하는 말이 가장 큰 힘이 된다. "실수

해도 괜찮아. 정답이 없는 문제도 많아. 또 너는 어리니 아직 기회도 많아. 작은 일부터 하나하나 배워나가다 보면 큰 문제도 해결할 수 있어"라는 부모의 격려와 지지가 이 세상의 불확실함을 받아들이고 견뎌나가는 데 가장 중요한 토대가 될 것이다.

"네가 뭘 알아?"

부모님들이 아이들한테 참 많이 하는 말인데, 아이들이 가장 듣기 싫어하는 말이다. 특히 중학생쯤 되면 아이는 논리적 사고력이 발달하면서 자신의 시각으로 세상을 바라보고 나름대로 주변과 세상에 대한 견해를 형성해나간다. 이 시기 아이들은 어른보다 이상적인 면이 강해서 불합리하거나 정의롭지 못한 상황에 대해 더 엄격한 기준을 갖기도 하고 어른들의 말과 행동을 비판적으로 판단한다. 이때 "네가 뭘 알아?"와 같은 말은 아이의 논리와 견해를 무시하고 자기 주도성을 꺾는 표현이다. 아이의 기질에 따라서도 반응이 다르게 나타난다. 소심하고 예민한 아이들은 이런 말을 반복적으로 들으면 자신감을 잃고 자기 생각을 표현하기 어려워하며, 부모에게 고민을 털어놓기보다 점차 입을 닫아버린다. 예를 들어, 학교생활이나 친구 관계의 어려움을 조심스레 이야기할 때 "네가 뭐 하러 그런 걸 신경 써?"라는 면박을 들으면, 아이는 '내 고민은 역시 사소한 거구나'라고 여기며 더는 속마음을 나누려 하지 않는다. 반면 자기주장이 강하거나 반항적인 기질의 아이는 중요한 자아 정체성 확립 시기에 자신의 진지한 생각이나 고민을 이야기했을 때 "네가 뭘 알아?"라는 말로 무시당하면, '엄마는 나를 이해하려 하지 않는다'라는 강한 반발심에 사로잡힌다. 결국 부모와의 대화를 아예 거부하거나 "말이 안 통해!"라며 소통을 단절해버리기도 하는 것이다.

결국 "네가 뭘 알아?"라는 말은 아이의 정신적 성장을 가로막고, 부모와 자녀 사이의 신뢰를 무너뜨리며 대화의 문을 닫게 만드는 표현임을 기억해야 한다.

"이 꼴 보려고 널 낳고 키운 게 아니야."

아이가 너무 속을 썩이면 부모도 감정적이 되어 홧김에 막말을 내뱉는다. 이 말은 아이의 현재 모습이 부모의 기대를 만족시키지 못한다는 실망감을 노골적으로 드러내는 표현이다. 이런 말을 들으면 아이는 부모의 사랑이 무조건적인 것이 아니라, 자신이 어떤 특정 조건을 만족시켜야만 부모가 사랑하고 인정해줄 것이라는 메시지로 받아들인다. 세상은 아이를 여러 가지 조건으로 끊임없이 평가하지만, 아이는 적어도 부모만은 자신을 판단하거나 평가하지 않고 있는 그대로 받아들여주길 간절히 바란다. 그런데 이 말은 정확히 그 반대의 의미를 전달하여 아이의 마음에 서운함과 강한 반발심을 불러일으킨다.

한 중학생 아이는 엄마에게 이 말을 듣고 와서 이렇게 토로했다. "제가 부모님한테 낳아달라고 부탁이라도 했어요? 나한테 묻지도 않고 이런 힘든 세상에 태어나게 했으면 부모님이 책임을 져야지, 왜 나한테 이 꼴 보려고 널 낳은 게 아니라고 하나요?"

아이들은 힘든 세상에서 각자 나름의 삶의 무게를 견디며 살아가기에, 부모의 이런 말은 아이 마음에 깊은 상처를 입힌다. 위의 학생 말대로 사실 아이가 원해서 세상에 나온 것이 아니다. 부모의 선택으로 아이는 이 세상에 태어났다. 그렇기에 아이가 이 고단한 세상을 살아내고 있는 것 자체만으로도, 어쩌면 부모는 아이에게 감사해야 할 일인지도 모른다. 그러니 이런 말은 아무리 진심이 아니라 할지라도 하지 않는 것이 좋다. 아이들은 지금 이 순간에도 충분히 많은 것을 감당하며 힘겨워하고 있다.

"네가 뭐가 부족해서 그러니. 다 해주는데."

부모들이 자신의 어려웠던 어린 시절과 비교하며 이런 말씀을 많이 한다. 하지만 요즘 아이들은 사실 부족한 것이 많다. 물질적으로는 풍족하고 학원 등 사교육의 선택 폭도 넓지만, 그렇기 때문에 어릴 때부터 해야 할 것이 너무 많고 놀 시간은 부족하다. SNS를 하다 보면 반 친구, 나아가서는 다른 나라의 또래 아이들과 자신의 모습이 비교가 되고, 친구 관계도 복잡해지니 고민할 것도 많다. 정말 머리가 터진다. 요즘 아이들을 보면 공부, 외모 관리, 건강 관리부터 또래 관계까지 공을 12개쯤 가지고 저글링을 하는 것처럼 보인다. 지금 부모들이 자랄 때는 학교생활이나 사회가 이렇게까지 복잡하지 않았다. 학원도 지금보다는 훨씬 덜 다녔고 유치원, 초등학교 시절에는 놀이를 할 시간도 충분히 많았다. 하지만 지금은 아이들이 미숙한 전두엽으로 해결해야 할 문제들이 너무 복잡다단하고, 기본적으로 하라는 건 많고, 부모님 기대도 커서 번아웃 스트레스를 겪는 것이다. 아이들 입장에서는 부족함 없이 마냥 행복한 생활을 누리는 게 아니다. "네가 뭐가 부족해서 그러니. 다 해주는데"라는 말은 결국 아이들의 고충에 대한 부모님의 이해 부족과 공감 결여를 드러낼 뿐이다.

4장

아이의 기질과
감정을 파악하라

아이마다
기질이 다르다

우리 가족이 병원 근처로 이사 온 시점은 첫째 아이가 초등학교 6학년, 작은아이가 3학년 무렵이었다. 그전에는 학원이 많지 않은 서울 강북 지역에서 살았다. 그러다 해외 연수를 마치고 강남세브란스병원으로 발령을 받아서, 최대한 근거리에서 아이들을 돌보며 출퇴근하기 위해서 병원 근처로 주거지를 옮기게 됐다. 우리 아이들이 강남 아이들처럼 선행학습이 많이 되어 있지 않아 학업을 쫓아가기 어렵다고 생각했기 때문에 그나마 인근에서 학군이 상대적으로 약하다는 지역을 선택했다. 하지만 이 지역의 학교 분위기가 어떻게 돌아가는지 잘 몰랐던 나는 소아청소년 정신과 전문의이기는 하지만, 아이들의 학습 면에서는 시행착오를 꽤 여러 번 겪었다.

우리 아이들은 둘 다 기질이 예민하고 소심한 편이지만 또 조금씩 다르다. 첫째는 문과 성향에 가깝고, 둘째는 '극'이과 성향을 보였다. 이사 올 당시의 대치동은 수학 진도로 경쟁하던 시기였다. 둘째는 어리기도 하고 수학을 잘하는 아이여서 큰 무리없이 잘하는 아이들이 있는 학원에 들어갈 수 있었다. 그런데 영어는 극단적으로 싫어해서 초등학교 3학년 아이가 영어 학원에서 책상에 엎드려 자거나 숙제를 안 해 가는 적이 많았다. 첫째는 완전히 반대였다. 영어를 잘하고 친구들과 잘 어울리고 운동도 잘하는 타입이었다. 그래서 나의 미국 연수 시절, 첫째는 미국 학교에서 적응을 꽤 잘했고, 수학이 한국보다 훨씬 쉬우니까 선생님께서 반 아이들의 수학 튜터를 시키실 정도였다. 첫째는 미국에서는 대체로 뭘 하든 인정받고 잘해서 공부 감정이 좋은 편이었다.

한국에 와서 첫째를 부랴부랴 수학 학원에 보냈다. 또래 초등학교 6학년 친구들은 고등학교 『수학의 정석』을 공부하고 있는데, 첫째 아이는 중학교 1학년 과정부터 시작해야 했다. 첫째는 학교에서는 친구들하고 잘 어울리고 선행학습이 없으니 잘 지냈지만, 수학 학원에서는 서너 시간씩 앉아 있어야 하고 테스트나 과제도 너무 많아, 아이가 공부에 질려버리는 상황이 벌어졌다. 선행이 거의 되어 있지 않으니 학원에서 가장 낮은 레벨의 반에 편성이 되어서 자존심도 많이 상했다. 반면 미국 학교에서 영어 때문에 적응에 어려움이 있었던 둘째는 한국에 와서 오히려 공부만 하면 되는 학원을 편하게 생각했다. 수학, 과학을 잘하니 레벨 테스트를 잘 통과해서 상급반으로 쑥쑥 올라가 자신감도 커졌다. 즉, 한국과 미국에서의 두 아이의 학습 적응은 교육 환경이 어느 측면을 강조하느냐에 따라 많이 달랐던 것이다. 내가 이렇게 나의 두 아이에 대해 이야기를 꺼낸 이유는 아이들의 기질 및 성향의 차이를 이야기하기 위해서다. 아이들은 저마다의 재능과 기질을 타고 태어나며, 아이의 연령이나 발달 수준, 성향에 따라 학교나 학원 환경에 대한 적응 양상도 각기 다르다. 따라서 모든 아이에게 다 맞는 만능키 같은 학습법은 없다. 어떤 아이에게는 대치동의 선행학습과 학습 전략이 잘 맞지만, 어떤 아이에게는 오히려 해가 되는 학습 전략일 수 있다.

아이들의 기질과 TCI

최근 들어 대중적으로 MBTI 성격 검사가 유행하고 있지만, 정신건강의학과에서는 기질 및 성격을 살펴보기 위해 뇌과학적 근거가 가장 명확한 TCI 검사를 가장 많이 활용한다. 심리학에서는 Big 5(Big Five Personality Inventory)도 많이 사용하지만, 여기서는 병원에서 많이 사용하는 TCI를 중심으로 아이들의 기질에 대해 접근해보고자 한다. 각 평가 도구별로 특징과 장단점이 있으므로 여기서 TCI를 예로 드는 것이 반드시 TCI가 더 정확하고 우수한 도구라는 것을 의미하지는 않는다는 것을 기억해두셨으면 한다.

TCI(기질 및 성격 검사)는 아이의 타고난 기질과 후천적으로 발달하는 성격을 구분해서 이해하도록 돕는 심리 검사이다. 학령기 자녀를 둔 부모님들이라면 아이의 타고난 성향과 더불어 환경과 경험을 통해 형성되는 특성들을 함께 파악함으로써 아이를 더 깊이 이해하고 적절한 양육 방향을 설정하는 데 도움을 받을 수 있다. 아이가 어릴 때 TCI 검사를 할 경우 아이의 기질을 가장 잘 아는 사람은 성장 과정을 옆에서 지켜본 부모이기 때문에 만 12세 이전에는 부모가 설문지 응답을 작성한다. 만 13세 이후에는 청소년 본인이 작성한다.

TCI는 크게 두 가지 축으로 아이를 이해하는데, 바로 '기질(Temperament)'과 '성격(Character)'이다. 기질이란 아이가 태어날 때부터 가지고 있는 고유한 특성으로 유전적인 영향을 많이 받고, 환경 변화에도 비교적 일관되게 나타나는 자동적인 반응 성향이다. TCI 검사에서는 기질을 네 가지로 나눈다.

- **자극 추구**(NS, Novelty Seeking): 새로운 것에 얼마나 호기심을 느끼는지, 즉 모험, 도전을 추구하는 정도
- **위험 회피**(HA, Harm Avoidance): 위험을 감지하면 얼마나 피하려고 하는지, 즉 손해, 위험을 회피하는 정도
- **보상 의존성**(RD, Reward Dependence): 사회적 보상에 대한 반응 정도, 즉 다른 사람들의 감정이나 그들이 자신을 어떻게 생각하는지에 민감한 정도

- **인내력**(PS, Persistence): 한번 시작한 일을 끈기 있게 꾸준히 하는 정도

이러한 기질 자체는 좋고 나쁨이 있는 것이 아니라, 아이가 가진 독특한 색깔과 같다고 이해하는 것이 중요하다.

성격은 아이가 자라면서 경험하고 배우는 과정에서 발달하는 부분이다. 즉 타고난 기질을 바탕으로 주변 환경과 상호작용하면서 의식적으로 목표를 세우고 가치를 추구하는 과정에서 형성된다.

- **자율성**(Self-Directedness): 스스로 얼마나 목표를 설정하고 책임감 있게 행동하는지, 즉 자신을 자율적 개인으로 이해하는 정도
- **연대감**(Cooperativeness): 다른 사람들과 얼마나 잘 어울리고 공감하는지, 즉 자신을 사회의 일부분으로 자각하는 정도
- **자기 초월**(Self-Transcendence): 개인이 자아의 경계를 넘어 더 넓은 존재나 의미와 연결되려는 성향, 즉 초월적인 존재와의 일체감을 인지하는 정도

성격은 기질과 달리 노력과 학습을 통해 긍정적으로 발달시킬 수 있는 부분이기 때문에 아이가 나이가 들어갈수록 더 중요해진다.

TCI는 개인의 사고방식, 감정 양식, 행동 패턴, 대인 관계 양상, 선호 경향 등을 이해하는 데 도움을 줄 수 있으며, 기질과 성격을

구분하여 측정함으로써 인성 발달에 대한 유전적 요인과 환경적 요인을 함께 이해하게 한다. 그리고 아이의 행동이나 반응이 단순히 말을 안 듣거나 문제가 있어서가 아니라, 타고난 기질에서 비롯될 수 있다는 것을 알려주므로 아이를 있는 그대로 수용하는 데 도움을 준다. 또 아이의 기질을 이해하면 아이의 강점은 살리고 약점은 보완하는 효과적인 맞춤형 양육 전략을 고민해볼 수 있고, 타고난 기질적 특성을 바탕으로 자율성이나 연대감 같은 건강한 성격이 성숙하도록 도와줄 수 있다. 결과적으로 부모와 아이가 서로의 기질과 성격을 이해함으로써 불필요한 오해나 갈등을 줄인다. 따라서 TCI 검사는 전문가의 해석과 상담을 통해 아이의 고유한 특성을 더 깊이 이해하고 건강한 성장을 지원하는 데 유용한 도구라고 할 수 있다.

기질을 읽으면 학습이 보인다

다음 두 예시는 지능이 매우 뛰어난 두 남학생의 TCI 결과이다. 결국 둘 다 원하는 학교와 과에 진학했으나 그 과정은 완전히 다르며, TCI 검사에서 이 두 학생은 매우 다른 기질을 나타냈다.

TCI를 활용한 분석 사례 1
IQ 134, 일반고 졸업 후 의대에 진학한 민수

민수는 TCI상, '자극 추구' 성향과 '위험 회피' 성향이 모두 낮은 편으로, 어려움에 부딪혀도 쉽게 동요하지 않고 침착함을 유지하며, 매사를 스스로 판단하고 소신 있게 행동하는 독립적인 성향을 보이고 있음. 아울러 일상에서 낙관적인 태도를 보이며, 사소한 일들에 연연해하지 않는 모습으로 질서정연하고 조직화된 모습을 보일 수 있는 점이 강점으로 나타남. 그러나 다소 고집스럽고 완고한 면이 있어 자기 주장이 강한 측면을 나타낼 수 있겠음. 기질적인 인내력과 성격적인 자율성이 모두 높은 양상으로 부지런하고 끈기가 있으며, 좌절과 피로에도 불구하고 꾸준히 노력하는 모습을 보일 수 있으며, 장기적인 계획하에 목표 지향적 활동을 지속하는 데 어려움이 없겠고, 일상생활이나 학업 장면에서 적극적이고 주도적인 태도가 예상됨.

TCI상, 보상 의존성은 상대적으로 낮은 편으로 가급적 혼자 조용히 지내는 것을 선호하고, 개인적인 관심이나 흥미가 있는 일에 꾸준히 몰입하는 경향이 있어 보임. 그러나 성격적인 연대감은 높은 편으로 또래 관계에서 공감 형성의 어려움을 보이지 않으며, 사회적 문제 상황에서의 적절한 대처가 가능할 것으로 보임.

TCI를 활용한 분석 사례 2
IQ 130, 고등학교 때 학교생활에서 반항, 충동성 높아 자퇴함. 후에 검정고시로 명문대 공대에 진학한 연우

연우는 TCI 검사상, 위험을 무릅쓰거나 스릴 넘치는 행위를 즐겨 하는 등 자극 추구적인 성향이 높음. 위험 회피 지표가 낮아 예측 불가능한 일이나 미래의 결과에 대해서도 당황하지 않고 침착히 대응하겠음. 인내력이 낮아 구조화되고 반복적이며 단조로운 상황에서 지루함을 견디기 어려워하여 일이 지연되면 참지 못하고 성급하고 충동적으

로 행동하는 성향임. 참을성이 부족하고 자유분방한 모습은 종종 관습적 틀에서 벗어나는 행위로 여겨져 종종 권위 대상과의 마찰이 예상될 수 있겠음. 학업 장면에서 지적 능력이 양호하고 인정 욕구가 높은 편이나 TCI 결과상 인내력 및 자율성 지표가 매우 낮게 나타났음. 나름의 일관적인 목표를 설정해 에너지를 투입하기가 어렵고 좌절감내력이 부족하여 원하는 만큼 충분한 인정이 주어지지 않을 때 크게 좌절하고 결핍감을 경험할 소지가 있어 보임. 또한, 자율성 및 연대감의 발달이 부진한 면이 시사되는 바, 자신의 감정이나 마음을 적절히 수용하지 못할 가능성이 많아 보이며, 이를 주변 사람들과도 공유하며 정서적으로 위로받는 것에 있어서도 어려움이 많았겠음.

TCI에서 기질적 특성은 학생의 학습 패턴에 다양한 영향을 미친다. TCI는 7가지 차원 전체를 함께 해석하는 것이 표준으로, 특히 정신 건강 분야에서는 성격 영역이 치료 예후나 사회적 적응과 깊이 관련될 수 있다.

하지만 7가지 차원의 조합이 워낙 다양하게 나타날 수 있으므로, 일단 여기서는 타고난 성향에 가까운 '기질' 차원을 중점적으로 설명하고자 한다. TCI 기질 유형에 따라 효과적인 학습 전략이 달라질 수 있기 때문에, 이를 적절히 반영하는 것이 학습 동기와 성취를 높이는 데 도움이 될 수 있을 것이다.

아이의 기질을 고려한 학습 전략

<u>위험 회피 성향이 높은 학생</u>은 대체로 불안과 걱정이 많고, 학습에 있어서도 소극적인 태도를 취하는 경우가 많다. 이들은 처벌이나 손해가 예상되는 상황을 피하는 경향이 강해 작은 보상에도 만족하며 도전을 회피하는 모습을 보이기도 한다. 안정적이고 예측 가능한 학습 환경에서 가장 잘 학습하며, 실패에 대한 두려움이 크기 때문에 지속적인 격려와 지지를 통해 불안감을 완화시켜주어야 한다. 경쟁적인 분위기보다는 협력적인 분위기가 적합하며, 학습 목표는 단계별로 세분화하여 제시하고, 구체적인 피드백을 통해 학습 진행 상황을 확인시키는 것이 바람직하다. 또한 실수나 실패를 비난하기보다는 이를 배움의 기회로 받아들이도록 도와야 하며, 충분한 시간을 가지고 내용을 숙지할 수 있도록 도와주어야 한다. 더불어 명상이나 이완 요법을 활용한 불안 관리 방법을 가르치고, 긍정적인 자기 대화를 통해 자신감을 키울 수 있도록 지도하는 것도 도움이 된다.

<u>자극 추구 성향이 높은 학생</u>은 새로운 것에 대한 관심이 크고 쉽게 지루함을 느끼며, 학습에 대한 지속성이 낮을 수 있다. 하지만 이러한 학생들은 외향적이고 새로운 시도를 즐기는 경향이 있어 창의적이고 융통성을 요구하는 학습 활동에서 두각을 나타내기도 한다. 반복적이고 단조로운 학습보다는 새로운 정보와 활동이 지속적으로 제공되는 환경에서 학습 효과가 높다. 이 아이들은 쉽게 따분함을 느끼기 때문에 학습 자료나 활동을 다양화하고, 새로운 아이디

어를 탐색할 수 있는 기회를 주어야 한다. 게임, 토론, 프로젝트 학습 등 흥미를 유발하는 방법이 효과적이며, 학습 내용을 실생활과 연결지어 실용성을 느끼게 하는 것이 집중력을 유지하는 데 유리하다. 학습 시간을 짧은 단위로 분할하여 집중할 수 있도록 하고, 구체적 계획 수립과 목표 설정을 통해 충동성을 줄이고 체계적인 학습 태도를 길러줄 필요가 있다.

보상 의존성이 높은 학생은 타인과의 관계를 중요시하고 칭찬이나 인정 등의 사회적 자극에 민감하게 반응하므로, 관계 중심적인 학습 환경에서 높은 만족감을 경험할 수 있다. 긍정적인 피드백과 격려가 학습 동기를 자극하는 주요 요소가 된다. 이들에게는 협력 학습이나 그룹 활동을 통해 관계 중심적인 학습 환경을 제공하고, 타인과의 유대감 속에서 학습할 수 있도록 유도하는 것이 효과적이다. 학습 목표 달성에 따른 보상 체계를 마련하고, 칭찬 스티커나 작은 선물, 공개적인 인정 등 다양한 방식으로 성취를 격려하는 것이 바람직하다. 타인에게 도움이 되는 활동을 통한 학습은 이 아이들의 만족도를 높이며, 협력 경험은 학습 효과를 더욱 높일 수 있다. 단, 이 아이들이 지나치게 외부 평가에 의존하지 않도록 자존감 향상 훈련이 필요하며, 자신의 강점을 인식하고 자기 효능감을 키우도록 지도해야 한다.

인내력이 높은 학생은 목표를 달성하기 위해 꾸준히 노력하고, 어려운 상황에서도 쉽게 포기하지 않으며, 이는 학습 지속성과 성취에 긍정적인 영향을 미친다. 따라서 이들에게는 도전적인 목표를 설정해주고, 성취감을 경험할 수 있도록 학습 상황을 설계해야 한다. 문제 해결 과정을 기록하고 분석하는 활동은 자기 성찰과 문제 해결력을 높인다. 이러한 노력을 칭찬함으로써 지속적인 동기를 제공하고, 성공 경험이 누적될 때 더 높은 목표에 도전할 수 있도록 격려하는 것이 효과적이다. 그러나 이들은 종종 완벽주의적 성향을 보이기도 하므로, 융통성을 기를 수 있는 학습 경험을 제공하고, 스트레스를 줄이기 위한 휴식과 여가 시간의 중요성도 함께 강조해야 한다.

이처럼 TCI는 개인의 강점과 약점을 파악하고, 각 개인에게 적합한 학습 전략을 수립하는 데 유용한 도구로 활용될 수 있다.

기질 유형별 상호작용과 학습 전략

무엇보다 중요한 점은 각 기질 유형이 독립적으로 작용하는 것이 아니라 상호작용하며 학생의 학습 패턴에 영향을 준다는 점이다. 기질에는 네 가지 요인이 있기 때문에, 아이들마다 조합이 다양할 수 있다.

예를 들어 위험 회피와 자극 추구 모두가 높은 학생의 경우는 신중함과 모험심이 동시에 존재하기 때문에, 새로운 시도를 장려하되 안전하고 통제된 환경에서 탐색할 수 있도록 지원해야 한다. 이들에게는 실패의 가능성을 줄이면서도 도전과 성취의 기회를 함께 제공하는 균형 잡힌 전략이 필요하다.

보상 의존성이 높고 인내력이 낮은 학생은 칭찬과 인정에 민감하게 반응하며, 관계 중심적인 환경에서 학습 동기가 유발되기 쉽다. 타인과의 협력 활동을 통해 성취감을 느끼고, 작은 성공 경험들을 통해 점차 인내력을 키워나갈 수 있도록 도와야 한다.

반면 보상 의존성이 낮고 인내력이 높은 학생은 외부 자극보다는 내면의 동기를 통해 꾸준한 학습을 이어가며, 어려운 상황에서도 쉽게 포기하지 않는다. 이들에게는 장기적이고 도전적인 목표를 설정하고, 자기 주도적으로 학습할 수 있는 환경을 마련해주는 것이 효과적이다. 보상이나 칭찬이 반드시 필요한 것은 아니므로, 학습 자체의 의미와 성취감에 초점을 맞춘 전략이 바람직하다.

결국 각 기질 요소의 단순한 존재 여부보다 그 조합이 개인의 학습 행동에 실질적인 영향을 미치며, 이를 고려한 세심한 분석과 맞춤형 접근이 필요하다. TCI 결과는 이를 이해하는 유용한 출발점이 되며, 각 학생의 인지적 특성과 요구를 함께 고려하여 융통성 있게 적용해야 한다.

예를 들어보면, 초등학교 3학년인 준우는 TCI 검사에서 자극 추구가 낮고, 위험 회피와 보상 의존성, 인내력이 높게 나타났다. 이런 아이는 변화가 적고 안정적인 환경을 선호하므로, 전학을 자주 다니거나 학원을 자주 바꾸는 것은 좋지 않다. 하지만 인내력이 높으니 준우 같은 아이들은 한번 시작한 일을 지루해하지 않고 꾸준히

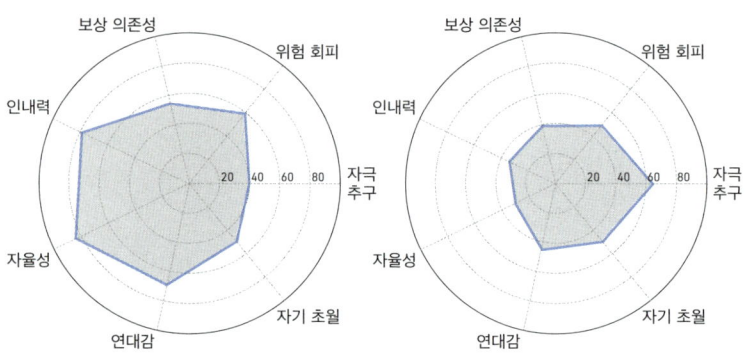

학업 성취도에 따른 TCI 프로파일. 전형적으로, 학업 성취도가 우수한 학생은 위험 회피 성향이 중간이거나 약간 높은 수준이고 자극 추구 성향이 낮으면서 보상 의존성이 보통 이상이고 인내력이 높은 경향성을 보이며, 학업 성취가 저조한 학생은 위험 회피 성향과 모험 추구 성향이 둘 다 높으면서도 보상 의존성과 인내력이 낮은 경향성을 보인다.

오랫동안 해나가는 편이다.

한편 자극 추구가 높은 아이들은 전형적으로 위험 회피가 낮은 편인데, 희주도 그런 타입의 아이였다. 이 타입의 아이들이 불안 없이 새로운 도전을 잘 해나간다. 하지만 때로는 위험, 손해에 대해 가볍게 생각하므로 문제 행동을 저지르기도 한다.

윤상이는 자극 추구, 위험 회피가 동시에 높지만 보상 의존성은 낮은 아이였다. 이런 아이들은 게임을 하면 새로운 재미에 이끌려서 빠져드는 편이지만, 겁이 많아서 온라인 도박을 하거나 엄마 몰래 비싼 아이템을 사는 등의 손해가 큰 일은 안 할 가능성이 높다. 하지만 기본적으로 새로운 것에 대한 호기심이 크고 타인의 눈치를 보지 않으니 자기가 좋아하는 것을 하는 것이 중요한 타입의 아이다.

연구에 따르면 학업 성취도가 우수한 학생들은 TCI 프로파일에서 일정한 경향을 보인다. 다만 TCI 결과는 개인의 성격 특성을 이해하는 데 참고 자료로 사용되어야 하며, 개인의 능력을 단정 짓는 기준으로 삼아서는 안 된다는 것을 기억해야 한다.

학업 성취도가 우수한 학생들은 기질 차원에서는 인내력이 가장 높게 나타나 과제를 끝까지 수행하고 목표를 달성하려는 끈기가 강하다. 위험 회피는 중간에서 약간 높은 수준으로, 불필요한 위험을 피하고 규칙을 준수하는 태도가 학습에 긍정적으로 작용한다. 자극 추구는 대체로 낮거나 보통 수준으로, 충동성과 산만함이 적어 계획적인 학습에 유리하다. 보상 의존성은 보통에서 다소 높은 수준으로, 교사나 부모의 칭찬과 성취감을 학습 동기로 활용하는 경향이 있다. 성격 차원에서는 자율성이 두드러지게 높아 자기 관리와 목표 설정, 계획 실행 능력이 뛰어나며, 연대감도 평균 이상으로 협력 과제와 사회적 상호작용에 강점을 보인다. 자기 초월은 뚜렷한 경향을 보이지 않지만, 일부 학생에서는 몰입과 의미 추구가 학업 성취를 강화하기도 한다.

반면 학업 성취도가 저조한 학생들은 인내력이 전반적으로 낮아 과제 지속력과 목표 달성 의지가 부족하고 쉽게 포기하는 경향을 보인다. 자극 추구는 평균 이상 또는 높아 새로운 자극에 민감하고 충동성이 커서 집중을 유지하기가 어렵다. 위험 회피는 학생에 따라 차이가 크지만, 불안이 지나치게 높아 시도 자체를 꺼리거나, 반대로 매우 낮아 계획성 없는 행동을 보이기도 한다. 보상 의존성이 낮으면 타인의 피드백이나 칭찬이 학습 동기로 잘 작용하지 않아 자기 주도 학습이 어렵다. 성격 차원에서는 자율성이 가장 낮아 목표 설정, 계획 수립, 자기 관리가 미흡하고 성취에 필요한 자기 통제가 부족하다. 연대감 역시 평균 이하인 경우가 많아 교사나 또래와 긍정적인 관계 형성이 어렵고 학습 환경 적응에 한계가 있다. 자기 초월은 뚜렷한 패턴이 없지만, 몰입과 의미 찾기가 부족한 경우 학업 동기가 쉽게 저하된다.

요약하자면, 기질은 그 정의상 아이의 타고난 본성으로 아이들마다 다르다. 겉으로는 바뀌는 듯 보일 수 있어도 원래부터 타고 태어난 한 사람의 무늬이고 색깔이라고 볼 수 있다. 연기를 잘하는 배우가 모두 무대 체질인 것은 아니다. 이 중에서는 내성적인 성격을 극복하려고 연기를 시작했다고 하는 사람이 있는가 하면, 타고나길 타인에게서 주목받는 것을 즐기는 성격이라 무대가 편한 사람도 있다. 이처럼 기질이 나타나는 방식은 달라질 수 있지만, 자연스럽게 타고난 기질을 따르는 사람보다 자기 기질과 다른 성향의 역할을 하려는 사람이 아무래도 좀 더 힘들 수밖에 없다. 물론 기질이 모든 것을 결정하는 것은 결코 아니다.

TCI 기질 유형별 학습 전략

위험 회피 vs 자극 추구

위험 회피/자극 추구	자극 추구 낮음	자극 추구 높음
위험 회피 높음	• 안정적이고 예측 가능한 환경 제공 • 실패에 대한 두려움 줄이기 • 점진적인 변화 • 세분화된 목표와 구체적 피드백	• 새로운 시도 장려하되 안전한 환경 제공 • 실패 불안 해소와 도전 욕구의 균형 • 통제된 탐색 기회 제공
위험 회피 낮음	• 학습 동기 자극 필요 • 실생활과의 연결 강조 • 작은 성공 경험을 통한 자신감 증진	• 변화와 자극이 풍부한 학습 활동 제공 • 게임, 토론, 프로젝트 기반 학습 활용 • 충동성 조절과 집중력 훈련 병행

보상 의존성 vs 인내력

보상 의존성/인내력	인내력 낮음	인내력 높음
보상 의존성 높음	• 칭찬과 인정 활용 • 협력 학습 중심 환경 제공 • 작은 성공 경험으로 점진적 목표 확장 • 인내력을 기르기 위한 격려 필요	• 타인과 협력하며 끈기 있게 학습 • 격려와 보상으로 학습 동기 강화 • 관계 중심+성취 중심 전략 병행
보상 의존성 낮음	• 학습 동기 자극 필요 • 작은 성공 경험 통해 인내력 증진 • 학습의 필요성과 중요성 반복 강조	• 스스로 동기 유발 가능 • 내재적 동기 중심의 학습 환경 조성 • 도전적 목표 설정과 성취 중심 지원

TCI의 기질과 성격 조합은 매우 다양하다. 이 표는 두 가지 기질을 조합한 단순 예시로서, 기질 유형별 학습 전략에 대한 감(感)을 독자에게 주기 위해 단순화한 것이다.

선행학습,
기질을 고려해야 하는 이유

선행학습을 하는 아이들 중에 잘 따라가는 아이가 몇이나 될까? 대략 25퍼센트 안쪽이라고 한다. 나머지 75퍼센트는 이해를 못 하고 있다는 말이다. 사실 평균 수준의 지능을 가진 아이들에게는 우리나라 고등학교 과정은 어렵고 따라가기 힘들다. 지금 학년 과정도 잘 이해하지 못하는 아이들이 선행학습을 어떻게 따라갈까? 그런데 대치동에는 선행학습을 안 하는 아이가 없다. 그러니 학업에서 좌절을 경험할 수밖에 없는 것이다.

선행학습을 시키고 있다면 부모는 자녀가 학습을 할 때 부정적인 감정을 지나치게 느끼고 있지는 않은지 세심하게 살펴야 한다. 아이들은 과제의 난도나 자신의 실력에 따라 다양한 감정을 경험한다. 예를 들어, 실력이 부족할 경우에는 학업에 대한 흥미를 잃기 쉽고, 실력에 비해 과제가 너무 어려우면 불안감이 커질 수 있다. 반대로 실력이 충분한데 과제가 지나치게 쉬우면 지루함을 느낄 수 있다. 아이가 학업에 몰입하면서 배움의 즐거움과 자신감을 느낄 수 있으려면, 그 수준에 알맞은 난도의 과제를 제공하는 것이 중요하다. 따라서 부모는 아이가 어떤 수준의 과제에서 의욕을 보이고 도전하려 하는지, 혹은 흥미를 잃고 포기하려 하는지를 잘 살펴야 한다. 만약 아이가 과제를 힘들어한다면 좌절하지 않도록 난도를 조절해줄 필요가 있다.

적정 난도의 절대적 기준을 정하기는 어렵지만, 나는 적어도 한 페이지에 10문제가 있다면 그중에서 6~7문제 정도는 풀 수 있어야 아이들이 자기 힘으로 공부할 의욕이 생긴다고 생각한다. 아이를 키우고 환자를 보면서 나름대로 감을 잡은 기준이라고 할 수 있다. 한 페이지에서 반도 못 푼다는 생각이 드는 순간 아이들은 공부할 의욕을 잃게 된다. 아이들은 어리고 미숙하기 때문에 아직 의지가 강하지 않다. 그리고 대부분의 아이들은 잘해야 더 하고 싶어 한다. 어릴수록 칭찬과 인정을 받아야 의욕이 생기기 때문이다. 심지어 청소년기에 접어든 아이들도 겉으로는 쿨한 척하지만 자기가 못 따라간다 싶으면 좌절해서 공부를 놓아버리기도 한다. 특히 이 시기의 아이들은 보상에 민감하기 때문에 노력하는 만큼 성적이 안 오르면 자신의 능력에 대한 회의감이 심해지면서 공부하는 것을 힘들어할 수 있다.

특히 선행학습을 시키고자 한다면 기질에 맞는지, 적절한 수준인지 세심히 고려해야 한다.

'위험 회피' 기질이 높은 아이들은 불안이 높다. 이런 기질을 가진 아이들은 미래에 일어날 일에 대해 겁이 많아서 다른 아이들은 다 하는데 자기만 선행학습을 안 하면 뒤처져서 나중에 큰일 난다고 생각한다. 그래서 선행학습을 안 하고 있으면 불안해하거나 못 따라가면 불안이 높아질 수 있다.

소연이는 IQ는 120이 넘을 정도로 우수했지만, 진료실에서 시선을 잘 못 맞추고 소심한 면이 보이는 아이였다. 소연이의 심리 검사 결과를 설명할 때 부모님께 "소연이는 선행학습 1~2년은 따라갈 수 있을 것 같으니 아이가 원하면 시켜보세요."라고 조언한 적이 있다. 선행학습이라는 대세를 거스르기에는 아이가 기질상 위험 회피 성향이 크고 다른 사람의 시선을 인식하는 면이 컸으며, 인내력이 높았기 때문이다. 보통 이런 성향의 아이들은 다른 아이들과 비슷하게 공부하면서 안심해야 불안이 높아지지 않는다.

다만 아이들마다 지적 능력이 천차만별이라 잘 따라가고 있는지 주의 깊게 살펴보는 것이 필요하다. 이런 아이들은 불안하니까 학습을 잘 이해하지 못하면서도 학원을 그만두거나 학습 수준을 낮추지 못하고 억지로 계속하는 경우가 있다. 그런데 사실 못 따라가면서 하고 있으면 자신이 잘 못한다는 걸 알기 때문에 자존감이 더 낮아진다. 그러면 더 불안해지는 악순환에 빠지게 된다.

'보상 의존성'이 높은 아이들은 주변에서 인정을 받고 싶어 하는 아이들이다. 사회적 인정을 얻기 위해 자신을 희생해서라도 협조하고, 자기 주장을 잘 못 하고, 거절도 못 한다. 보상 의존성이 적당히 높으면 또래나 어른들과의 관계에 큰 도움이 되지만, 지나칠 경우 실제는 선행학습을 잘 못 따라가는데도 인정받고 싶어서 잘하는 척 할 위험성도 있다. 못 하겠다, 잘 모르겠다는 말을 못 하는 것이다. 그래서 높은 보상 의존성에, 높은 위험 회피 기질이 있는 아이들은 위험군이다. 그런 기질에 인내력까지 높으면 역설적으로 선행학습의 스트레스가 정말 높아진다. 완벽주의 성향으로 포기를 못 하고 끝까지 밀고 간다. 못 하겠으면 인정하고 포기할 줄도 알아야 하는데 계속 직진한다. 그러다 스트레스를 못 이겨서 번아웃이 오기 쉽다. 이런 아이들에게는 선행학습이 독이 될 수 있다.

'자극 추구'가 높고 '인내력'이 낮은 아이들은 새로운 환경에는 잘 적응하는 데 반해 충동성이 강해서 과제를 끝까지 완수하지 못한다. '어? 선행학습, 멋져 보이는데. 나도 해야지' 하고 조금 하다가는 몇 달 못 가서 그만두어버린다. 그러면서 좌절 경험을 쌓게 된다. 선행학습은 어렵기 때문에 열심히 해야 하고 머리도 많이 써야 하는데 기질상 지속이 잘 안 되는 아이들이니, 섣불리 덤벼들었다가 그만두는 일이 반복되니까 실패 경험이 쌓여서 자존감이 떨어진다. 이런 아이들에게도 선행학습이 독이 될 수 있다.

주호는 학교에서 LOL 게임 랭킹이 높기로 유명하고 게임을 하느라 학원을 자주 빠져 엄마랑 싸우는 아이였다. 몇 차례의 아이 상담과 심리 검사를 마친 후 어머니에게 이렇게 조언했다. "(TCI를 살펴본 결과) 주호는 어머니하고 학원 가는 문제로 싸우고 반발을 하는데, 제가 주호의 심리 검사를 보니까 애는 머리가 매우 영리하지만, 주변 사람의 인정에 민감하거나 눈치 보는 타입이 아니기 때문에 엄마가 아무리 이야기하셔도 억지로 시키려 하면 공부를 더 안 하려고 할 겁니다. 그러니까 아이를 잠깐 내버려두세요. 주호는 도전을 좋아하고 새로운 환경에서도 불안해지지 않는 기질이라 선행을 안 해도 나중에 자기가 해야 된다 싶은 때가 오면 알아서 따라갈 만한 배짱이 있어요. 그러니까 지금은 아이랑 힘 빼지 마시고 그냥 두세요. 약간 자존심 상할 만한 계기가 있으면 도전 의식이 커지면서 오히려 승부욕이 발동될 겁니다."

이렇게 나는 아이의 기질에 따라 선행학습을 권하기도 하고 잠시 멈추고 아이를 기다려주라고 조언하기도 한다. 그러다 보니 어떤 부모는 전체 맥락은 생략하고 단편적으로 내가 선행학습을 권했다고, 또 다른 부모는 내가 선행학습 안 시켜도 된다고 했다고, 주위에 얘기를 전한다. 그렇게 이쪽저쪽으로 오해를 받는 일이 종종 있다. 그런데 오해하지 마시라. 조언의 기준은 선행학습이 아니라 아이의 지적 수준, 학습 능력, 기질과 정서적 요인이다.

나의 두 아이에게도 비슷하게 적용을 해봤다. 첫째 아이는 수학 선행을 시켰다가 그만뒀다. 소심하지 않고 친구들과 잘 지내니 선행학습이 좀 뒤떨어진다 해서 학교에서 문제가 생길 아이는 아니라는 판단이 있었기 때문이다. 또 수학의 개념 이해가 학년 평균 수준이었고, 그런 상태로 무작정 진도만 나가다가는 수학에 정을 뗄 판이었다. 그런데 둘째 아이는 수학 학원에서 선행을 나가는 대로 내버려뒀다. 둘째는 1년 안에 2~3년 치 진도를 따라잡았고 고등 과정의 어려운 개념도 큰 어려움 없이 잘 습득하였다. 또 다소 소심한 아이라 다른 아이들보다 진도가 너무 뒤처지면 늦었다는 생각에 불안해하다가 포기할 것 같은 생각이 들었기 때문이다. 같은 배 속에서 나온 아이여도 아이의 지적 능력, 기질에 따라 선행학습을, 다른 아이는 현행학습만 시킨 것이다.

내 아이, 특목고에 보내도 될까?

아이가 중3 정도 되면 부모님들이 많이 던지는 질문이 있다. "우리 아이는 대치동이 맞는 애일까요?" "특목고나 자사고에 보내도 될까요, 아니면 그냥 일반고에 보내는 게 나을까요?"

특목고, 자사고 등 경쟁이 치열한 학교에 들어가면 내신 등급이 일반고보다는 잘 안 나올 테니, 아이의 성격이나 사회성을 고려할 때 부모는 내 아이가 이런 좌절을 견딜 수 있을지를 궁금해한다. 우수한 학습 커리큘럼과 면학 분위기가 조성된 명문 고등학교에 보내고 싶지만, 이런 학교에서는 보통 내신이 불리해지니 아이가 그런 압박감을 견딜 수 있는 성향을 갖추고 있는지 판단하고 싶어 하는 것이다.

학업 능력이 우수한 데다 적당한 자극 추구 및 보상 의존성이 있는 아이들은 특목고에 들어가면 비교적 잘 해내는 편이다. 특목고에서 잘 적응하려면, 집단 프로젝트나 대회, 학교 자체에서 운영하는 프로그램이 많기 때문에, 공부도 잘해야 하지만 리더십이나 멀티태스킹 능력도 따라줘야 한다. 적절한 자극 추구 성향의 아이들은 새로운 것을 하고 싶어 하니 즐기면서 다닐 수도 있다. 반면 위험 회피 성향이 높은 아이들은 이런 환경에서는 스트레스가 너무 높아져서 견디기 어려워할 수도 있다.

위험 회피 성향이 있으면서도 인내력이 높고 보상 의존성이 평균 정도 되는 아이들은 잘 지내는 편이다. 또래와 그룹 프로젝트도 어려움 없이 해내고, 인내력이 높아 어려움에 부딪혀도 꾸준히 해나가니 이런 아이들은 특목고에서도 비교적 잘 적응한다.

TCI의 네 가지 기질은 상중하(High/Middle/Low)로 수치화되기 때문에, 정말 다양한 조합이 만들어진다. 아이마다 프로파일이 달라서 특정 유형은 특정 학교로 가야 한다는 식으로 일률적 유형화가 될 수는 없다. 하지만, 아이의 기질과 정서적 상태, IQ, 집중력, 부모 자녀 관계 문제를 종합해서 보면 아이에게 맞는 결정을 할 수가 있다. IQ라는 능력 측정도구는 한계를 지니고 있지만 학업 성적을 예측하는 데는 중요한 지표 중의 하나임에는 틀림이 없다. 또한 학교를 결정할 때 아이가 정서적으로 우울, 불안, 스트레스가 높은 상태는 아닌지, 부모 자녀 관계나 아이의 자율성이나 주도성 정도는 어떤지 등을 잘 살펴야 한다.

또 하나, 진학할 고등학교를 정하는 데 있어서 내가 가장 중요하게 생각하는 부분은 아이의 의사이다. 학교생활은 부모가 아니라 아이가 하는 것이기 때문이다. 부모들은 아이가 잘되기를 바라는 마음에 본인 뜻대로 밀어붙이려고 하는 경향이 있는데, 아이가 스스로 선택한 경우와 그렇지 않은 경우는 큰 차이를 보인다. 나중에 좌절하는 상황이 왔을 때 부모가 억지로 밀어붙인 경우에는 아이가 부모님을 원망하기 쉽다. "엄마 때문에 이렇게 됐어"라고 하면서 분노하고, 자신이 버텨야 할 이유를 상실해버리는 것이다. 그런데 아이 스스로 선택해서 그런 결과를 받게 되면 견뎌낼 수가 있다. 그래서 고등학교를 결정하는 시기부터는 꼭 아이와 소통하면서 아이 본인의 의사를 물어봐야 한다.

비교적 제도권이나 어른들에게 큰 반발 없이 순응적인 아이들이 우리나라 교육 시스템에서 잘 견뎌내는 것이 사실이다. 그런데 아이가 엄마 말을 잘 듣는다고 해서 아이들 성향이 모두 비슷한 것이 아니다. 겉으로 보기에는 순응적인 아이들 중에서도 부모님이 하자는 대로 무조건 받아들이는 아이가 있는가 하면, 자기 나름의 의미를 파고들면서 자기 결정이나 행동의 이유를 찾아가려는 아이가 있다. 후자 쪽이면 특히 부모와 아이가 함께 상의하는 과정이 꼭 필요하다. 이런 아이들은 성숙하고 자율성이 높은 편이기 때문에, 그 자율성을 부모님이 무시하고 간과한 채 부모의 의사대로만 끌고 가려고 하면 아이가 무척 힘들어한다.

    대부분의 부모들이 어릴 때부터 아이를 관심 있게 지켜봤기 때문에 자기 아이에 있어서는 전문가라고 할 수 있다. 하지만 아이가 하나뿐인 집이 많은 요즘 분위기에서, 내 아이를 잘 키워야 한다는 욕심이 앞서거나 혹은 잘못 키우면 어떻게 하나, 하는 불안 때문에 자기 아이를 객관적으로 바라보지 못하는 경우가 많다.

    특히 불안이 높은 부모들이 결정장애를 많이 겪는다. 아이의 진학은 우리나라에서 굉장히 중요한 문제인데, 혹시 자신의 잘못된 결정으로 아이가 입시에 불리한 상황에 처하지 않을까 하는 불안 때문에 자꾸 흔들리는 것이다. 그런 경우에는 부모와 면담을 진행한다. "아이가 어렸을 때는 기질이 어땠나요?"부터 "새로운 상황에 맞닥뜨리면 어땠나요?", "지금 학교생활에서 친구 관계는 어떤가요?" 하는 식으로 아이를 객관적으로 볼 수 있게 질문을 던진다. 그러면 하나씩 답하면서 '그래, 내 욕심대로 하기보다는 아이가 마음 편한 쪽으로 해주는 게 낫겠다' 하고 좀 마음을 내려놓게 된다. 부모가 욕심과 기대를 좀 내려놓고 아이의 말에 귀 기울이면서 아이 마음이 편한 쪽으로 결정하겠다는 마음가짐을 가질 때 비로소 아이와의 진정성 있는 대화가 시작될 수 있다.

5장

공부 감정이
학업 성취를 좌우한다

네 가지
학습 감정

이 장에서는 독일의 교육학자 라인하르트 페크룬이 제시한 학습 감정(Academic emotion)에 대해 살펴보려고 한다. 그의 설명을 들으면, 아이들이 공부할 때 어떤 감정을 느끼는지 좀 더 생생하게 느낄 수 있을 것이다. 학습은 보통 인지적인 활동으로만 여겨지지만, 실제로 하나하나 들여다보면 아이들이 학습 과정에서 얼마나 다양한 감정을 경험하는지를 알 수 있다.

성취 감정 : 성취 경험에서 생기는 희망과 자부심, 실패에서 생기는 불안과 수치심
인식 감정 : 새로운 인지적 과제를 대할 때의 놀라움, 호기심, 혼

란, 좌절감, 기쁨

주제 감정 : 공부하는 내용이나 주제와 연관된 감정. 소설 속 인물에 대한 공감이나 해부학 내용에 대한 징그러움, 무서움, 혐오감 등

사회적 감정 : 교실에서 선생님과 또래들에게 느끼는 감정. 상호작용하며 생기는 사랑, 공감, 찬사, 경멸, 질투, 분노, 대인불안 등

첫 번째는 '성취 감정'이다. 이것은 학습 활동의 성공과 실패와 관련된 감정으로 배움에서 느끼는 재미, 성취 경험에서 생기는 희망과 자부심, 실패할 때 생기는 불안과 수치심 등의 감정이다. 특히 어릴 때에는 자신이 문제를 맞히거나 뭔가를 해냈을 때 큰 성취감을 느낀다. 우리나라에서는 아이가 공부를 잘하면 주변에서 칭찬과 관심을 많이 보이는 경향이 있는 반면, 공부를 못하면 아이는 자꾸 지적받게 되고 부모가 자신을 보며 못마땅해하거나 걱정하는 걸 느끼게 된다. 공부에서 긍정적인 성취 감정을 자주 경험한 아이들은 그에 따라 자존감도 올라가고 자기 미래가 희망적이라고 느끼게 되지만, 학습에서의 반복적인 실패를 겪으면서 부정적인 성취 감정을 경험한 아이들은 불안, 수치심 그리고 미래에 대한 두려움 같은 감정들을 느끼게 되고, 자존감이 낮아진다.

'인식 감정'은 지적인 활동 자체에서 유발되는 감정으로, 새로운 과제를 대할 때 느끼는 놀라움이나 호기심, 어려운 문제를 풀 때

느끼는 혼란과 좌절감, 노력 끝에 문제가 풀렸을 때의 기쁨 등을 말한다.

예를 들면 어떤 아이들은 지적인 호기심이 커서 새로운 문제에 맞닥뜨리면 매우 흥미로워하고 그 자체에 쾌감을 느낀다. 사람은 보통 돈을 벌거나 음식을 먹거나 섹스를 하면 뇌의 보상 회로에서 도파민이 분비되면서 쾌감을 느끼는데, 지식을 추구하는 데서도 보상 회로가 자극되어 도파민이 분비되면서 재미와 즐거움을 느낄 수 있다.

한편 아이들이 문제를 풀다가 도저히 못 풀 것 같으면 좌절감을 느끼게 되고, 너무 어려운 문제에 맞닥뜨리면 혼란을 느낀다. 특히 요즘에는 선행학습 등으로 인해 아이들이 체감하는 학업 난도가 높기 때문에 새롭고 어려운 과제를 접할 때 이런 인식 감정이 매우 중요하다.

'주제 감정'은 공부하는 내용이나 그 주제와 연관된 감정이다. 예를 들면 아이들이 국어 공부를 할 때 소설 속 인물의 심리에 공감을 느낄 수 있고, 개구리 해부 등의 생물 실험을 할 때 징그러운 것을 보고 혐오감을 느껴서 그 과목을 싫어하게 되는 경우도 있다.

또 중요한 것이 '사회적 감정'으로, 이는 교실에서 선생님과 또래들에게 느끼는 감정이다. 어떤 아이를 좋아하기도 하고, 친구에게 공감하기도 하고, 친구가 잘하는 것에 대해 찬사를 보내기도 하고, 잘하지 못하면 경멸하기도 한다. 또 가까운 친구 사이에서도 경쟁심과 질투, 분노, 불안 등 여러 가지 감정이 아이들이 생활하는 교실에서도 그대로 반영된다.

한편 이런 학습 감정들은 학생에게 긍정적이거나 부정적인 영향을 미쳐서 학습을 촉진하거나 방해하기도 한다. 학습과 관련해 긍정적인 감정을 가진 경우는 '활성화 감정'이라고 해서 즐거움, 희망, 기쁨 등이 있다. 긍정적인 학습 감정은 학생들의 집중력과 배우고자 하는 동기를 높이고, 깊이 있는 학습 전략과 자기 주도적 학습 태도로 이끌기 때문에 매우 중요하다.

학습과 관련한 부정적인 감정에는 분노나 불안, 수치심 같은 것이 있다. 이는 대체로 학습에 대한 흥미와 동기를 감소시키지만, 학생 개인의 특성이나 가정 분위기에 따라서는 다음 실패를 피하기 위해 혹은 자기 자존심을 지키기 위해 더 노력하도록 동기를 유발하는 긍정적 효과를 내기도 한다. 아이들은 어려운 문제를 접하면 대개 혼란감을 느끼게 되는데, 이때 어떤 학생은 포기하지만 또 어떤 학생은 '내가 한번 풀어봐야지' 하고 도전 의식을 불태운다.

좌절감, 지루함, 시험 불안 같은 부정적 감정들은 융통성 있는 사고와 행동 능력을 감소시킨다. 이해가 잘 안 되면 단순 암기 같은 비효율적인 학습 전략을 선택하거나 수동적으로만 따라가려 한다. 그래서 많은 학생들이 이런 부정적 감정을 느끼면 좌절해서 자신의 잠재력에 도달하지 못한다. 일부 학생들은 부정적 학습 감정 때문에 성격 발달 및 자존감에 문제가 생기고, 우울, 불안은 물론 극단적으로는 자해나 자살 시도 같은 심각한 행동까지 보이는 경우도 종종 있다.

앞에서 언급한 네 가지 학습 감정은 페크룬이 학습에서 감정의 기능을 중심으로 알기 쉽게 설명한 것이며, 뇌의 어느 부분에서 특정 감정을 담당한다는 식으로 명확하게 구분되어 있는 것은 아니다. 이 학습 감정들은 연관된 개념이기 때문에 서로 영향을 주고받는다.

가령 사회적 감정, 즉 경쟁하는 데서 쾌감을 느끼는 아이가 있다고 하자. 그런 아이는 같은 반에서 다른 아이가 자기보다 뛰어난 것을 못 참으니 친구를 이기고 싶어서 열심히 공부를 해서 좋은 성적을 받으면 기쁨과 자부심을 느낀다. 즉, 친구한테 느끼는 경쟁심이나 부러움, 질투 같은 사회적 감정이 성취 감정으로 이어지게 되는 것이다.

요즘에는 너무 어릴 때부터 어려운 선행학습을 시키다 보니 자신의 지적 호기심에 이끌려 공부를 좋아하게 되는 아이들은 찾아보기 어렵다. 대치동 같은 학군 지역은 아이들의 '성취 감정'을 자극하는 방식으로 학습 과정이 짜여 있는 듯하다. 각 학원마다 세분화된 레벨이 있고, 학원 간에도 위계가 있어 과목별로 정해진 '상위 학원'에 다니는 것이 일종의 기준처럼 여겨진다. 예를 들면 초등학생은 영어 과목은 빅3 학원에, 수학은 ○○학원에 가야 하는 식이다. 학원 내부에서도 반마다 레벨별로 난도가 달라, 상위 반으로 올라갈수록 성취감이나 자존감이 높아지며, 일부 아이들은 게임처럼 레벨업의 쾌감을 느끼기도 한다. 더욱이 이런 문화가 이제는 전국적으로 퍼져나가고 있다.

이런 시스템은 동기 부여의 측면도 있지만, 동시에 학업 효능감이나 자존감에 상처를 줄 위험도 있다. '어느 학원, 무슨 반'에 속해 있는지만 들어도 그 아이의 실력을 가늠할 수 있는 서열 구조 속에서, 등급이나 반 편성이 아이들의 자존감에 직접적인 영향을 미치고 있는 것이다. 아이들은 상위 반으로 올라갈수록 성취 감정이나 자긍심을 느끼지만, 그렇지 못한 아이들은 어릴 때부터 좌절을 경험하기에 자존감이 낮아질 수 있다. 많은 아이들이 끝없는 서열 구조 속에서 압박감을 느끼며 자존감에 상처를 입는다. 이처럼 학원 시스템은 동기 부여가 되기도 하지만, 동시에 아이들의 심리적 안정을 위협하기도 하는 양면성을 지닌다.

특히 또래나 선생님에게 느끼는 '사회적 감정'은 학습 감정 중에서도 매우 중요한 부분이다. 최근에는 사회정서학습(social emotional learning)이 강조되면서 그룹 프로젝트가 학교 커리큘럼에 많이 포함되고 있다. 친구들과 함께 과제를 수행하고 공동의 결과를 만들어 내는 과정에서 아이들 마음속에 다양한 감정이 생긴다. 예를 들어, 모두가 잘해야 한다는 책임감, 열심히 하지 않는 친구에 대한 불만이나 실망, 과제를 함께 완수했을 때 팀으로 느끼는 자부심 등이 있다. 이런 감정들이 어우러지면서 협동을 촉진하는 긍정적인 감정도 자연스럽게 생겨난다. 그룹 과제를 성공적으로 경험한 아이들은 협력의 기쁨과 함께 협업 과정에서 갈등을 해결하는 방법을 배우고, 결속력과 대인 관계에 대한 이해도 넓힐 수 있다.

또래 관계 속에서의
학습 감정

아이들은 대체로 주변에 있는 또래들의 성취도를 기준으로 자신의 성취에 대해 평가하면서 여러 감정을 느낀다. 또래 관계에 가장 민감한 중·고등학교 시기에는 또래들 사이의 치열한 성적 경쟁이 부정적인 학습 감정을 가중시키기도 한다. 특히 경쟁이 치열한 학교에 다니는 아이들은 성적이 기대만큼 나오지 않으면 심하게 좌절하는 경우가 많다. 학생들 간의 경쟁이 심한 학교에서는 시험 불안이 일반적으로 더 높게 나타난다는 보고도 있다.

다른 친구들보다 더 잘하고 싶고 앞서고 싶은 마음을 건강하게 활용하면 얼마든지 자기 발전의 동력이 될 수 있다. 그런데 그런 경쟁심이 도움이 되는 게 아니라 오히려 심리적 스트레스로 이어져서 병원을 찾는 아이들도 많다.

아영이는 외동딸로 부모가 둘 다 고학력 전문직 종사자였다. 아이도 똑똑해서 중학교까지는 전교 상위권의 성적을 유지하였다. 그런데 고등학교에 진학하면서 아이가 등교를 하지 않고 학교를 자퇴하겠다고 해서 부모님이 아이를 데리고 진료를 받으러 왔다. 아영이의 고민은 친구들이 있는 상황에서는 수업에 집중이 안 되고 아무것도 할 수 없다는 것이었다. 의대를 목표로 하고 있지만, 학교에서는 도저히 공부가 되지 않아 자퇴 후 혼자 공부해 검정고시를 보겠다고 했다. 이유를 물었더니 중학교 때 1~2등을 두고 경쟁하던 친구와 같은 고등학교에 배정되어 같은 반이 되었는데, 그 친구가 공부하는 걸 보거나 뭔가 잘하는 걸 보면 너무 불안해지고 괴로워서 그 아이 쪽만 보게 된다는 것이었다. 수업 시간에 그 친구가 고개를 끄덕이면 '쟤는 저걸 다 아네' 싶고, 쉬는 시간에 공부하는 모습을 보면 '쟤는 공부하는데 나는 뭐 하고 있는 거지?'라는 생각에 불안하고 초조해져서 자신은 아무것도 못 하게 된다는 것이었다. 그 친구가 시험을 잘 보거나 선생님께 칭찬을 받으면 화가 나고 괴로운 감정이 치밀었다. 결국 경쟁 상대의 존재 자체가 아영이에게 강한 스트레스가 되어, 학습을 방해하는 상태로까지 이어진 것이다.

준혁이는 재수생이었는데, 독서실에 가면 다른 아이들이 열심히 공부하는 모습이 의식되어, 정작 자신은 집중이 되지 않고 불안해져 왔다 갔다 하며 공부를 하지 못했다. 엄마는 그런 준혁이에게 집에서 공부하라고 했지만, 집에 오면 오히려 긴장이 풀어져 스마트폰을 보거나 잠을 자는 일이 많았다. 그래서 1인실 독서실에 가기도 했지만, 그곳에서도 공부가 잘 되지 않았다. 겉으로 보기엔 장소의 문제처럼 보였다. 그러나 실제로는 다른 아이들을 민감하게 의식하면서 자신이 공부를 안 하고 있으면 불안해지는 심리가 공부를 방해하고 있었다. 엄마는 그 근본 원인을 이해하지 못한 채 계속 환경 탓으로만 여겼고, 아이 역시 공부에 대한 엄마의 기대가 크다 보니 솔직하게 자기 상태를 털어놓지 못했다. 준혁이는 사실 공부에 자신이 없고 잘 안 된다는 말을 하지 못한 채, 계속 "다른 아이들 때문에 안 된다"라고만 표현했다. 처음에는 준혁이도 어떤 장소에서 공부가 안 되면 장소를 옮겨가며 공부하려고 애썼고, 자리가 가운데라서 집중이 안 되니 구석으로 가보는 식의 행동도 반복했다. 엄마는 "수능은 다른 아이들과 같이 보는데, 그럼 시험도 못 보겠다는 거냐"라며 화를 냈고, 결국 아이는 폭발해 "엄마가 내 마음을 몰라준다"라며 죽고 싶다고 말해서 상담을 받으러 온 것이었다.

이 사례는 친구나 환경 자체가 문제가 아니라, 공부에 대한 압박감과 부모와의 단절된 소통이 불안을 키우고, 그것이 장소에 대한 강박처럼 드러난 경우라 할 수 있다.

공부를 잘하는 아이들이 모여 있는 특목고 같은 경쟁적인 환경은 일부 아이들에게는 정신 건강에 부담이 될 수 있다. 자신의 능력을 인정받고 자존감을 유지할 수 있는 작은 환경에서 오히려 더 건강하게 성장하는 아이들도 많다. 실제로 일부 아이들에게는 치열한 경쟁 속에서 끊임없이 비교당하는 '큰 물'보다는, 덜 경쟁적인 환경이 스트레스가 적고 자기 효능감도 높일 수 있다.

한편 공부에 큰 관심이 없는 아이들 사이에서도 나름의 경쟁은 존재한다. 특히 여학생들 사이에서는 외모 경쟁이 치열하다. 요즘 아이들은 SNS에서 '좋아요'를 얼마나 받는지, 팔로워 수나 댓글 수가 얼마나 되는지 등을 통해 인기 경쟁을 하기도 한다. 무리의 가치관에 따라 경쟁의 주제가 달라지며, 어떤 그룹은 게임 실력, 어떤 그룹은 패션이나 말솜씨 등으로도 서열이 나뉘기도 한다. 이처럼 아이들은 환경과 관심사에 따라 다양한 방식으로 비교와 경쟁을 경험하고 있으며, 그 과정에서 큰 심리적 영향을 받기도 한다.

교육 시스템이 만드는 공부 상처

학교와 교육 시스템의 특성 또한 학생들의 또래 관계와 학습에 대한 긍정적 혹은 부정적인 감정에 큰 영향을 끼친다. 우리나라의 교육 시스템은 어린 나이에 미래의 직업 기회 등에 중대한 영향을 끼칠 수 있는 시험을 치르고, 그 결과에 따라 학생들을 성취 수준별로 나누는 방식으로 설계되어 있다. 이런 시스템은 학업 스트레스 측면에서 학생들의 실패에 대한 좌절, 수치심, 미래와 관련된 불안, 희망 없음, 또래에 대한 지나친 경쟁의식, 질투와 같은 부정적 감정을 증가시키기 때문에 학생들에게 심한 스트레스를 유발한다.

OECD 국가 중 최하위권의 행복지수, 세계 1위의 자살률을 보이는 데에는 이러한 극심한 스트레스가 한 요인으로 자리잡고 있다. 성적 경쟁이 치열한 교육 환경이기 때문에 부모님들은 아이가 상처받지 않고 또래 관계를 잘 맺어가고 있는지, 학업과 관련하여 지나친 압박감을 느끼고 있지는 않은지를 유심히 살펴볼 필요가 있다.

한국을 비롯해 싱가포르, 중국, 인도 등은 학업 스트레스가 높은 국가로 꼽히며, 공통적으로 청소년기의 시험이 학생의 미래를 좌우하는 구조를 가지고 있다. 특히 우리나라는 내신 이외에는 대학 입시에 수능이라는 단일 시험만을 활용하며, 이로 인해 모든 학생이 동일한 기준으로 평가받는 획일적 제도가 고착되어 있다. 반면 미국의 경우 SAT, ACT 등 다양한 시험이 존재하고, 여러 번 응시하거나 성적을 선택해 제출할 수 있어 심리적 부담감이 상대적으로 덜하다.

이와 같은 시험제도의 구조와 선택 가능성의 유무는 학생들이 느끼는 시험 불안의 정도에 직접적인 영향을 미친다. 학생을 단 한 번의 시험으로 평가하는 한국의 제도는 정신 건강 측면에서 심각한 압박 요인이 된다. 이는 시험 자체의 난도뿐 아니라 시험제도의 유연성과 다양성이 학생들의 심리적 안정에 중요한 환경적 요인으로 작용한다는 것을 의미한다.

긍정적 공부 감정과 부정적 공부 감정

부정적인 감정이 아이에게 반드시 부정적인 영향을 미칠까? 꼭 그런 것만은 아니다. 부정적 감정을 유발시키는 상황에 대한 반응은 아이들의 기질에 따라 다르기 때문에 나는 부모님들에게 아이의 기질을 잘 파악하라고 조언한다.

연수는 새로운 것을 좋아하고 마음이 편안한 기질을 가진 편이어서 쉽게 주눅 들지 않는 아이였다. 반면 엄마는 다소 예민하고 걱정이 많은 편이었다. 아이는 낙천적이고 사람 좋은 아빠 쪽 기질을 닮았다고 했다. 연수 아빠는 어릴 때는 공부를 전혀 안 하다가 고등학교 때 갑자기 성적이 올라서 명문대에 진학한 경우였다. 연수 가족은 아이가 중학생이 되자 대치동으로 이사를 오게 됐다. 연수 엄마는 학원 상담에서 '선행이 하나도 안 되어 있어 학원에 들어갈 반이 없다'라는 말을 듣고 이 지역의 치열한 사교육 분위기에 충격을 받고는 불안감이 너무 커진 나머지 병원을 찾아왔다. 연수를 대상으로 심리 검사를 진행해보았는데, 머리가 좋고 정서적으로도 안정되어 있었고 사회성도 좋은 편이었다. 그래서 부모님께 "연수는 인지 능력도 뛰어나고 정서적으로 편안한 아이여서 다행입니다. 단지 이 지역 아이들이 해온 것처럼 선행학습을 많이 하지는 않았지만 아직 중학생이니 이제부터라도 시작하면 큰 걱정 안 하셔도 됩니다"라고 조언해드렸다. 아이가 머리도 좋고, 성격이 긍정적이고 자신감도 있는 데다 부모와도 관계가 좋고, 하고 싶은 것도 뚜렷한 아이였기에, 크게 걱정할 필요는 없어 보였다. 중학교 2학년까지는 성적이 중간 정도였는데, 이는 어려서부터 학습을 꾸준히 해온 동급생 친구들에 비해 학습량이 적었기 때문이다. 다행히 연수는 "그동안 공부를 많이 안 했으니 그렇지, 고등학교 때 점수가 잘 안 나오면 1~2년 더 해서 대학 가면 돼요"라고 말하면서 마음을 편하게 먹고 있었다. 오히려 불안이 많은 엄마가 불면증을 겪을 정도로 힘들어해서 엄마를 대상으로만 상담을 진행했다.

연수는 중학교까지는 성적에 대해서 크게 연연하지 않았는데, 고등학교에 들어가서는 약간 자존심이 상했다. 첫 시험에서 5등급이 나오니까 스스로 위기의식을 느낀 것이다. 연수는 크게 낙담하지 않고 "하면 되지. 그래, 내가 보여줄 거야" 하고 본격적으로 집중해서 공부하기 시작했다. 그러더니 두 번째 학기에 2등급이 나오는 과목이 생기고, 2학년 2학기 때에는 1등급으로 올라갔다. 결국 재수를 하긴 했지만 의대에 들어갔다. 연수의 경우는 고등학교 첫 시험에서 느꼈던 좌절감과 수치심이라는 부정적인 감정이 오히려 학습을 활성화시키는 긍정적인 역할을 한 경우라고 볼 수 있다.

또 다른 예로, IQ는 높지만 예민하고 강박적인 기질의 아이들이 있다. 이런 아이들에게는 적절한 수준의 선행학습이 도움이 될 수 있다. 이 아이들은 모두가 선행학습을 하는 분위기 속에서 자기만 안 한다고 생각하면 불안이 높아지고, 불안이 높아지면 공부가 잘 안 되기 때문이다. 자꾸 실패감과 자기 스스로 안 될 것이라는 부정적인 생각에 휩싸이기 때문에, 아이의 자존감이 낮아지기 전에 부모가 그런 기질을 일찌감치 눈치채고 너무 뒤처지지 않게 공부를 미리 할 수 있도록 도와주는 편이 낫다. 우리나라의 현재 교육 환경에서는 어쩔 수 없는 선택일 것이다. 단, 인지 능력이 선행학습을 따라갈 만큼 뛰어나지 않으면서 불안이 높은 학생들의 경우는 선행학습을 시키는 것이 오히려 자신감을 떨어뜨릴 수 있다.

이런 경우는 안정된 애착을 형성하고 아이를 재촉하지 않으면서 부모가 서두르지 않고 편안하게 도와준다면 적어도 공부를 두려움의 대상으로 느끼지는 않을 것이다.

공부 감정에
영향을 미치는 목표

아이들의 학업 성취를 정의하는 데 사용하는 기준과 목표는 공부 감정에 영향을 크게 미친다. 목표는 크게 숙련 목표(Mastery goals), 수행 목표(Performance goals), 협동 목표(Cooperative goals)로 구분할 수 있다.

숙련 목표는 배우는 내용이나 과제 자체를 전보다 더 능숙하고 잘하게 되는 것이고, 수행 목표는 타인과 비교하여 더 잘 수행하는 것을 목표로 삼는 것이다. 협동 목표는 집단의 공동 성취를 목표로 삼는 것이다. 이상적인 경우는 숙련 목표를 학습의 목표로 삼는 것이다. 숙련 목표는 과제 숙련도에 대한 기준을 제시하고 과거와 비교해서 현재 얼마나 향상되었는지를 살펴본다. 자기 내부에서 비교하기 때문에 지금은 아이가 실력이 미숙하다 해도 한 달 전보다는 잘하고 있구나 하면서 배움에 대한 즐거움을 느끼게 된다. 또 처음에 비해 발전한다고 느끼기 때문에 성취감을 느끼고 지루함도 줄어든다.

안타깝게도 현실은 수행 목표, 즉 다른 학생과 비교해서 자신의 수행 우열을 평가하는 데 집중하고 있다. 그래서 자기 주변 학생들보다 더 잘하는 것 혹은 적어도 못하는 것을 피하려 하는 것이 학업 성취의 기준이 되고 있다. 다른 학생의 수행 정도와 비교하기 때문에 경쟁적 분위기를 촉발시키고, 경쟁에서 이긴 소수의 학생들은 긍정적인 감정을 경험하지만 그렇지 않은 대부분의 학생들은 실패한 느낌, 자신감 저하를 경험하게 된다. 학생들한테는 잔인한 상황이다. 협동 목표는 무엇보다 협력을 중시한다. 초등학교나 중학교 때 일부 과목에서 이런 집단 기준을 사용하는데, 협동 과제를 해나가는 데에는 아이의 사회성이 매우 중요하다.

학생들의 긍정적인 학습 감정을 촉진하기 위해서는 숙련 목표를 정해서 과제에 숙달되는 것을 목표로 삼아야 한다. 과제는 각 학생의 능력을 고려해서 감당할 수 있는 수준의 과제가 주어져야 한다. 지나치게 높은 성취를 기대하면 높은 수행 불안을 유발해서 학업 스트레스를 증가시킬 수 있기 때문이다.

공부 상처를 예방하는 방법은 가정에서부터 숙련 목표를 설정하는 것이다. 숙련 목표를 세우게 되면 전에는 수능 지문 독해를 못했는데 영어 단어를 50개 더 외우니까 이제 더 잘할 수 있다, 오늘 이 문법은 마스터했다, 하는 식으로 공부의 성과를 측정하게 된다. 목표를 이렇게 세우면 점수가 잘 안 나오더라도 어떤 기술이나 지식을 획득했다는 것에서 뿌듯함을 느낄 수 있다.

이때 기억해야 할 것은 어떤 지식이나 기술을 익히는 데 필요한 시간이 아이들마다 다르다는 것이다. 어떤 아이는 한 번만 가르쳐줘도 알고 어떤 아이는 대여섯 번 반복해서 가르쳐줘야 안다. 여기서 핵심은 부모가 인내심을 갖고 아이가 자기 속도대로 익힐 수 있도록 기다려주는 것이다.

감정은 공부를 하고 싶게 하거나 하기 싫게 만드는 데 큰 영향을 미친다. 특히 아이가 어릴수록 학습에 긍정적 감정을 느낄 수 있도록 더욱 세심한 관심이 필요하다. 미숙한 어린 아이들은 좌절이나 어려움을 견디는 힘이 부족하기 때문이다. 따라서 먼저 성취감을 느끼게 해주고, '나는 할 수 있다'라는 자신감을 갖게 한 뒤에 점차 난도가 높은 과제를 제시하는 것이 바람직하다.

아이들이 학습에 숙련될 수 있도록 도와주기 위해서는 반드시 교과 공부에만 집중할 필요는 없다. 스포츠나 악기 연주와 같은 예체능 활동도 두뇌 발달에 매우 유익하며, 적절히 활용한다면 어린 학생들에게 퍼즐, 종이접기, 게임 등은 성취감을 느끼게 하는 좋은 수단이 될 수 있다.

4세 고시, 7세 고시라는 말이 횡행하는 요즘 학군지 분위기 속에서, 부모들은 이 문제를 보다 심각하게 받아들일 필요가 있다. 남들보다 앞서가려는 조급한 마음에 아이의 학습 감정을 해치게 되면, 평생 지속되어야 할 학습에 대해 부정적인 감정을 갖게 될 위험이 크다. 이는 매우 안타까운 현실이다.

배움을 통한 성장이 학습 목표가 될 때

미국 스탠퍼드 대학에서 연수를 하던 시절 나의 두 아들은 미국의 초등학교를 다녔다. 대학이 위치한 팔로알토 지역의 공립학교는 꽤 좋은 학군으로 손꼽히는 곳이었다. 그때 개념으로만 알던 '숙련 목표'란 무엇인가를 경험으로 알게 되었다.

둘째 아이는 초등학교 2학년 때 영어를 거의 하지 못하는 상태에서 미국 초등학교를 가게 되었다. ESL(English as a second or foreign language) 클래스에 들어가게 되었는데, 나는 지극히 한국적인 사고방식으로 아이가 영어를 잘 못하니 커리큘럼을 알려주시면 미리 예습을 시켜서 보내겠다고 선생님에게 이메일을 보냈다. 한국에서라면 지극히 상식적인 내용일 것이다. 그런데 선생님에게 온 답장을 보고 놀라움을 금치 못했다. 수업에 정해진 커리큘럼이 있는 게 아니라 테스트를 통해 아이 수준을 파악한 다음 각자의 수준에 맞춰서 커리큘럼과 교재를 제공한다는 것이었다. 다른 아이들과 내 아이를 비교하거나 경쟁시키는 방식이 아니었다. 강의식 방식에 익숙한 나는 아이마다 교재가 다르면 어떻게 수업을 진행하는지 되물었다. 그랬더니 각 아이마다 다른 교재, 놀이 및 개별 과제를 주는 식으로 학습이 이루어진다고 했다. 미리 학습을 시킬 수도 없고 할 필요도 없으니 아이를 선생님께 믿고 맡기는 수밖에 없었다. 또 학교에서 방과 후 수업이 오후 6시까지도 이루어져서 운동 및 레고, 아트 등의 수업을 학교에서 다 하니 저학년 학원을 따로 보낼 필요가 없었다.

5학년인 큰아이가 다니는 초등학교에서는 가정통신문이 왔는데 초등학교 5학년 학생은 운동도 해야 하고 잠을 9시간 이상 자야 뇌 발달이 잘 이루어지니 집에서 숙제를 하는 데 1시간 이상 걸린다면 선생님에게 연락 달라는 내용이었다. 영어가 모국어인 아이라면 50분이면 충분히 할 만한 숙제이지만, 첫째 아이는 영어가 제2외국어이니 어려워할 수도 있다는 것이었다. 아이가 에세이 과제를 좀 어려워한다고 말씀드렸더니 학교에서 방과 후에 담임 선생님께서 따로 특별 지도를 하면서 아이 수준을 파악하고 난도 조절을 하고 과제도 줄여주었다. 한국 엄마로서는 잘 못한다고 우리 아이 숙제가 줄어들면 다른 아이들과 점점 격차가 더 벌어질 테니 그리 만족스러운 제안은 아니었다. 그러나 아이는 학습 부담과 수업에 대한 심적 부담이 많이 줄어들고, 자기가 잘 못한다는 생각 없이 학교를 즐겁게 다녔다. 학기 말에는 학점도 '잘함'을 받았다. 아이마다 교재나 수준이 다르니 처음에 비해 얼마나 수행도가 '향상'되었는가를 기준으로 학점을 주고 아이들의 실력을 상대적으로 비교하지 않았다. 우리나라 같으면 왜 저 아이는 우리 애보다 못하는데 성적을 똑같이 주냐고 따질 만한 상황이었을 것이다. 배우는 내용이나 과제 자체를 처음보다 더 잘하게 되는 것을 목표로 삼는 '숙련 목표'가 어떤 것인지를 실감한 순간이었다.

교육 환경의 차이가 공부 감정의 차이로 이어진다는 것도 매우 구체적으로 실감했다. 한국 아이들은 수학을 잘하는 편이어서 다른 아이들보다 어려운 교재를 줬다. 그래도 아이가 다 해내니까 수학 과목은 테스트를 거쳐 윗 학년 교재를 제공하고 영어가 좀 나아지자 또래 튜터 역할을 맡겼다. 그래서 큰아이는 미국에서는 수학에 대한 자신감이 높고 수학을 좋아했다. 그런데 중학교 때 한국에 다시 들어와서 수학 난도가 높아진 데다 선행학습까지 억지로 시키니 수학을 싫어하게 되었다. 교육 환경에 따라 같은 아이가 수학에 대한 공부 감정이 완전히 달라졌던 것이다.

또한 미국에서는 작문 숙제를 내면 선생님이 한 명씩 개별 피드백을 주는 시스템이었다. 아이가 처음에는 8점 만점에 5점을 받았고 부족한 부분에 대해 선생님께서 피드백을 해준 후 다음번에 그

부분이 향상되었다면 중간평가에서는 점수가 올랐다. 선생님 피드백으로 아이가 발전하는 모습을 보여주면 향상 점수(improvement score)가 전체 점수의 상당 부분을 차지하기 때문에 7점을 받을 수 있었다. 즉, 학생 개인별로 학습 수준이 다르고 에러 피드백(error feedback)이 매우 중요하게 여겨졌다.

우리나라 교육 시스템에서는 객관식 시험이 대부분이니 오답을 체크하고 원인 분석을 하는 학생도 있고 그렇지 않은 학생도 있다. 그렇기 때문에 자신이 실수한 것, 잘 모르는 것에 대해 개별적으로 피드백을 받을 기회가 많지 않다. 그래서 학원에 다니게 되는데, 학원에서도 한 명씩 개별적인 피드백을 받는 게 아니라 대부분 일방적인 수업 방식으로 진행된다. 그렇기 때문에 결국 학습 능력이 뛰어나거나 학습 습관이 잘 잡힌 일부 학생들만 더 잘하게 되는 것이다.

우리나라에서는 고등학교 한 반에 30명이 있다면 그중에서 학업을 잘 따라가는 학생은 평균 6명 정도밖에 없다고들 한다. 그럼 나머지 아이들은 학습 과정에서 재미나 성취감을 못 느끼고 좌절하고 있다는 말이다. 학습 난도가 지나치게 높고, 입시제도 자체가 학생들을 줄을 세우게끔 설계되어 있어서 일어나는 현상이다. 결국 시스템이 바뀌어야 해결될 것이다. 하지만 교육 시스템 변화는 간단한 문제가 아니기 때문에 현재 입시 시스템 안에서는 상처받거나 따라가지 못하는 아이들이 훨씬 많을 수밖에 없다. 그럼 교육 시스템 탓만 하여 부모는 가만히 앉아만 있어야 할 것일까? 그 사이 우리 아이들의 공부 감정은 점점 부정적으로 변하고 있는 안타까운 상황에서 말이다.

그래서 부모는 성적과 별개로, 아이가 스스로 계획을 세워서 공부하는 뿌듯함을 느끼게 해주고, 반드시 성적으로 결과가 나오지 않더라도 아이가 공부에 자기 나름의 의미 부여를 할 수 있도록 격려해야 한다. 어려워도 공부를 꿋꿋이 해나가다 보면, 사회를 살아가는 데 필요한 기본적인 지식과 상식을 배우게 되고, 계획 세우는 능력, 시간관리 능력, 힘들어도 지루한 과정을 극복해내는 좌절인내력 등이 길러진다. 이는 아이가 나중에 독립적인 성인으로 성장하는 데 중요한 밑바탕이 된다. 대학 진학의 수단으로서만 공부를 생각하면 입시 실적이 좋지 않은 대부분의 아이들은 공부를 하는 의미를 찾지 못할 것이다. 하지만 '배움을 통한 성장'이 목표가 된다면, 다른 아이들에 비해 성적이 잘 안 나와도, 좋은 대학에 진학하지 못해도, 모든 학습의 과정에 '개인의 성장'이라는 의미가 부여된다. 부모들은 어려서부터 학습의 목적이 바로 이것임을 자녀에게 일깨워줄 필요가 있다.

6장

발달 시기별로
유념해야 할 것들

발달 단계마다 달라지는
부모의 역할

 부모는 아이가 어떤 어른으로 성장하기를 희망하는가? 공부 잘하는 아이를 키우는 게 목적이라고 말하는 부모는 없을 것이다. 궁극적으로는 아이가 마음이 편안하고 독립적으로 자기 역할을 잘 해내는 아이로 성장하기를 희망한다. 이 목적을 이루기 위해서는 부모들은 발달 시기별로, 발달의 중요한 포인트를 기억해야 한다.
 가장 먼저 영유아기에는 주양육자와 안정된 애착 관계를 형성해야 한다. 이것이 이후에 형성될 대인 관계상을 형성하고, 또 정서적 안정을 이루는 기초가 된다.
 두 번째로 초등학교 시절은 영유아기에 형성된 애착을 토대로 '자기 조절력'을 키워야 하는 시기이다. 자기 조절력은 스스로 목표를 세우고 그 목표를 향해 꾸준히 노력하는 능력이다. 학령기에는 하기 싫어도 일정 시간 앉아서 주어진 과제를 하고, 스스로 계획을 세우고, 실행해보는 등 자기 조절 능력을 키워야 한다. 이런 자기 조절 능력을 뒷받침하기 위해 필요한 것이 바로 '감정 조절 능력'과 '과제지속력'이다.

안정된 애착 관계와 자기 조절 능력이 바탕이 되면, 중·고등학교 이후에 주어지는 여러 가지 현실적이고 도전적인 과제를 잘 해나갈 수 있게 된다.

감정 조절 능력은 어느 날 갑자기 훈련한다고 해서 생기는 게 아니다. 다른 모든 능력과 마찬가지로 어릴 때부터 기초를 닦아야 한다. 마음이 안정된 아이들이 감정 조절을 잘하는데, 감정 조절이 잘 되는 아이들은 새로운 과제를 하거나 새로운 사람을 만날 때 편안해한다. 그런 아이들을 보면, 기질적으로 불안이 낮고 마음이 편안한 아이도 있지만, 다소 예민한 기질이라도 어릴 때 애착이 잘 형성되어 정서가 안정되어 있고 스트레스 상황에서도 불안, 분노, 짜증 등의 부정적인 감정을 잘 조절한다.

초등학교에 들어가면서부터는 본격적인 사회생활이 시작되기 때문에 무엇보다 자기 할 일과 친구 관계에 있어서 자기 조절력이 중요하다. 규칙을 지켜야 하고, 학교 숙제를 해야 하고, 또래 사이에서는 순서를 지키고, 친구들과 나눌 줄도 아는 등 협동심과 배려심도 키워야 한다.

중학교에 들어가면 또래 관계가 더 중요해지는데, 어릴 때보다 더 넓어지고 복잡해진 사회적 관계 안에서 청소년들은 종종 크고 작은 상처를 받게 된다. 초등학교 때 감정 조절 능력을 제대로 키우지 못한 아이들은 걸핏하면 흥분하고 사소한 일에도 불안, 우울, 짜증을 보인다. 또래들은 그런 아이의 미성숙함을 금세 알아차리고는, 친구 관계에서 배제시키거나 심한 경우에는 학교 폭력의 타깃으로 삼기도 한다.

중·고등학교 시기는 자아 정체성이 형성되는 중요한 시기이다. 또래 사이에서 자기 위치가 어떤지, 또래 관계 내에서 어떻게 어울리는지가 정체성 형성에 매우 중요한 과제이기 때문에 친구들 사이에서 무시당하거나 인정받지 못하면 감정적으로 불안정해져서 공부가 잘 안 된다. 또래 관계 문제가 생길 때 성적이 급속도로 떨어지거나 아예 공부를 놓아버리는 아이들이 생기는 것은 이런 이유 때문이다. 간혹 그런 부정적 감정을 잘 활용하여 자신을 발전시키는 기회로 삼는 근성 있는 아이들도 있지만 이는 아주 드문 경우에 속한다. '친구 문제 신경 쓰지 말고 공부나 열심히 하라'는 어른들의 조언은 이 시기 아이들에게는 공허하게 여겨지기 일쑤이다.

또한 중·고등학교 시기에는 공부 자체가 어려워지는 데다 자기 실력을 성적으로 증명해야 하는 시기라서 그에 따른 스트레스도 많아진다. 병원에 상담을 받으러 오는 아이들 중에서 공부 잘하는 아이들조차도 한두 개의 실수로 등급이 달라지는 내신 제도에 대해 좌절하면서 하루에도 몇 번씩 공부를 그만두고 싶고, 왜 이렇게까지 친구들과 경쟁하면서 살아야 하는지 모르겠다고 말한다.

여느 때보다도 감정 조절력이 절실히 필요한 중·고등학교 시기를 잘 버텨낸 아이들을 보면 기본적으로 부모님과 안정된 애착을 형성하여 관계가 좋은 아이들, 초등학교 때 어느 정도 단련이 되어서 힘들어도 견디는 힘이 있는 아이들, 자기 조절력이 있는 아이들이다. 그래서 나는 부모님들께 초등학교 때까지는 아이와 자주 놀면서 소통하고 끈끈한 정을 쌓는 시간을 많이 보내라고 조언한다. 아빠들은 바쁘다는 핑계로 아이들과의 관계를 소홀히 하다가 중학교 때 아이가 문제를 일으키면 그때 다급히 개입하려고 하는데 그때는 이미 늦은 경우가 많다. 나는 종종 부모님들께 "유치원, 초등학교 때 엄마, 아빠와 즐겁고 좋은 기억을 많이 만들어놓으면 중·고등학교 시기에 부모님께 미안해서라도 열심히 생활하게 될 겁니다"라고 조언해드린다. 아이들의 '감정 저금통'에 부모와의 좋은 기억을 많이 저금해놓아야 사춘기에 위기가 왔을 때 부모에게 어려움을 솔직하게 털어놓고 같이 의논하면서 해결의 실마리를 찾게 되는 것이다. 인간은 기본적으로 감정적인 동물이다. 안타깝지만 청소년들 중에는 부모님이 싫어서 공부 안 한다는 아이들도 많다. 공부는 엄마나 아빠가 시키는 거니까 하고 싶지 않다는 것이다. 사실 공부 안 하면 손해를 보는 것은 엄마가 아니라 본인 자신인데도 엄마에 대한 거부감과 미움으로 자기 파괴적인 행동을 할 수도 있는 것이 바로 사람이다. 특히 감정에 흔들리기 쉬운 청소년기에는 더욱 이러한 경향이 심해진다. 많은 자녀교육 전문가들이 하나같이 입을 모아, 아이가 어릴 때일수록 학습이나 인지적인 면보다는 아이의 감정을 살피고 소통을 늘리는 것이 차후의 청소년기에 자녀와 원만한 관계를 유지하기 위해 더 중요하다고 얘기하는 것은 다 이 때문이다.

영유아기 :
학습의 기초, 애착

 이제부터는 안정 애착과 자기 조절력을 키우기 위해 발달 시기별로 무엇을 중시해야 하는지 좀 더 자세히 살펴보기로 하겠다. 애착은 아주 어릴 때부터 형성된다. 아기들은 본능적으로 호기심이 많고 탐색을 하고 싶어 한다. 그래서 부모를 떠나서 여기저기 돌아다니며 탐색을 하다가 낯설거나 두려운 상황을 만나면 다시 돌아와서 엄마 품에 와락 안긴다. 불안감이 자극될 때 아기들은 아직 어려서 불안을 스스로 조절하는 능력이 미숙하다. 그래서 엄마의 반응을 확인하고 위로를 받으면 불안이 가라앉으면서 두려움, 놀람 등의 감정을 조절할 수 있게 된다. 이런 과정을 수도 없이 반복하면서 아이는 감정 조절 능력의 기초를 점차 닦아나가게 된다. 불안이 많은 기질을 타고난 아기도 있고 원래 불안이 별로 없는 아기도 있겠지만, 타고난 기질이 겁이 많아도 애착이 잘 형성된 아기들은 성장하면서 대체로 불안이 줄어들고 편안해진다.

뇌에는 감정과 관련된 뇌 부위인 변연계(limbic system)가 있는데, 어릴 때 형성되는 이 뇌 회로의 정상적 발달이 평생의 감정 조절의 기초를 이루게 된다. 아이들의 감정 뇌는 불안할 때 엄마에게 위로받고 안정되는 경험을 수도 없이 하면서 잘 발달해간다.

어릴 때 학대나 방임을 경험한 아기들은 그 시기에 형성되어야 할 감정 뇌가 제대로 형성되지 않아서 성장한 후에도 스트레스에 매우 취약하고, 스트레스가 심한 환경에서는 감정 조절도 잘 안 된다. 사춘기 때에는 감정 조절의 뇌가 호르몬과 뇌 발달의 영향을 받아 다시 한번 변화하는데 학대를 당한 아이들은 이미 뇌 회로의 형성이 망가져 있기 때문에 심각한 문제가 생긴다. 성인이 되어서도 감정 조절, 스트레스 조절력, 회복 탄력성이 잘 작동하지 못한다. 초기 학대 경험이 있는 아이들을 수십 년간 계속 추적해봤더니 40년까지도 학대의 부정적 영향이 지속된다는 연구 결과도 있다. 생애 초기 시기에 부정적 인생 경험으로 인해 불안정 애착이 생기고 뇌 회로의 건강한 기반이 형성되지 않으면 뒤늦게 치료를 해도 회복이 쉽게 안 되고 시간과 품이 많이 드는 것이다.

또 애착은 평생에 걸친 대인 관계의 기본 틀을 형성하기 때문에 매우 중요하다. 자신이 힘들 때 엄마가 마음을 알아주고 위로해주는 경험이 반복되면, 아이는 안정 애착을 형성하게 되고, 이를 바탕으로 긍정적인 대인 관계상을 갖게 된다. 세상 사람들은 대체로 호의적이며, 자신이 어려움에 처했을 때 도움을 받을 수 있다는 믿음이 생기면, 아이는 친구를 사귀거나 관계를 맺는 것을 즐겁게 여기게 된다. 이렇게 대인 관계가 자연스럽게 형성된다. 결국 생애 초기의 안정 애착은 정서 조절 능력과 대인 관계 능력의 기초가 되어, 아이가 인생을 살아가는 데 있어 매우 강력한 두 가지 무기를 장착해주는 것과 같다.

이처럼 안정 애착이 형성된 아이들은 감정 조절을 잘하고 대인 관계를 원만히 맺기 때문에, 세상을 살아가는 데 큰 어려움을 겪지 않는다. 그러나 아이가 힘들 때 엄마가 위로나 안정을 주기보다는 반응을 잘 하지 않거나, 반응이 일관되지 않아 어떤 때는 위로해주고 어떤 때는 무관심했던 경우, 아이는 회피형이나 저항형 애착 같은 불안정 애착을 형성하게 된다. 이런 아이들은 사람들과의 관계에서 신뢰를 갖기 어려워하고, 타인을 경계하거나 쉽게 믿지 못하는 경향을 보인다. 특히 극단적으로 학대를 경험한 경우, 혼란 애착이 형성되어 사람에 대한 두려움과 적대감을 느끼기도 한다. 자신을 괴롭히고 해쳤던 누군가의 기억 때문에 피해의식이 자리잡고, 새로운 사람이 다가와도 그 순수한 호의를 받아들이지 못해 대인 관계가 원활하지 못하게 되는 것이다.

요즘은 맞벌이 부부가 많은 세대이기 때문에 '애착'에 대해 걱정하는 분들이 많다. 그러나 반드시 엄마가 아니더라도 정서적으로 안정된 애착을 제공할 수 있는 사람이 주 양육자 역할을 대신할 수 있다면 큰 문제가 없다.

초등 시기 :
자기 조절력이 공부를 결정한다

이따금 어떤 부모님은 내게 와서 초등학생 아이와 학업이나 생활 습관을 바로잡는 문제를 두고 갈등을 반복하다 보니 지쳐서 "차라리 자기가 하고 싶은 대로 하라고 그냥 놔두는 게 나을까요?" 하고 물어본다. 그러나 아이를 위해서라면 그러면 안 된다. 초등학교 시기는 발달 과제 중 가장 중요한 요소 중 하나인 자기 조절력을 키우는 데 최적의 시기이기 때문이다. 이때는 학교 숙제를 비롯해 기본적으로 또래들이 하는 정도의 과제는 아이가 좀 힘들더라도 스스로 하도록 훈련시켜야 한다. 초등학생들은 어른들의 가치관을 자연스럽게 받아들이며, 규칙을 중요하게 여기고 잘못하면 벌을 받는다고 생각하는 경향이 있다. 대체로 부모나 교사의 말을 잘 따르려 하며,

타인의 규칙 위반에 민감하게 반응하는 모습을 보인다. 따라서 이 시기에는 어른들이 명확한 지침과 절차를 제시할 때 안정감을 느끼므로 규칙이나 자기 절제를 가르치기에 매우 적절한 시기라고 할 수 있다.

그런데 요즘 초등학교 4~5학년만 되어도 마치 사춘기 아이들처럼 말을 안 듣고 부모의 지시를 거부한다고 많은 부모님들이 푸념한다. 너무 오냐오냐 하며 허용적으로 키워서 그런 것 아니냐며 버릇을 잡아야 한다고 얘기하기도 한다.

하지만 부모의 시선이 아니라 아이의 시선으로 보면 다르게 보이는 부분이 있다. 요즘 아이들은 놀이 시간을 박탈당하고 지나치게 많은 학습량을 강요당하므로 어릴 때부터 공부에 대해 압박감과 불안감을 극심하게 느끼는 경우가 많다. 공부에 대한 자신감이 떨어져 있거나, 반복된 부정적인 피드백으로 인해 상처를 받은 아이들도 있다.

아이와 갈등을 겪고 있다면 이럴 때일수록 아이의 마음을 세심히 들여다보고, 오해를 풀어가는 과정이 필요하다. 기대만큼 성적이 나오지 않더라도, 우선은 책상 앞에 앉아 몇십 분이라도 집중해보는 연습을 하게 하는 것이 중요하다. 이는 인내심을 기르고, 앞으로의 학습을 위한 기초 체력을 다지는 데 매우 유익하다. 아이에게 차분하게 이러한 의미를 설명해주고, 스스로 조금이라도 해냈을 때는 아낌없이 칭찬해주자. 그런 식으로 학습 시간을 점차 늘려가는 훈련이 필요하다. 그래야 중·고등학교에 올라가서도 어려운 공부를 버텨낼 수 있다.

다만 학령에 따라 접근 방식은 달라야 한다. 예를 들어 아이가 초등학생이라면 짧은 시간을 학습한 뒤 소소한 보상을 제공하는 것도 효과적인 방법이다. 이 시기의 아이들은 인정과 칭찬, 보상에 민감하게 반응하며, 특히 ADHD 아동의 경우 보상은 강력한 동기 유발 요인이 된다. 무엇을 해야 집중이 잘 되는지에 대해 아이와 대화를 나누고, 함께 학습 계획을 세워보고, 잘 지키면 아이들에게 원하는 보상을 주는 것도 유용한 방식이다.

반면 이미 청소년기에 접어든 아이들에게는 이러한 보상이 큰 효과를 발휘하지 못할 수 있다. 이럴 경우, 아이가 관심을 갖는 주제나 해보고 싶어 하는 과제에 초점을 맞춰 다소 미숙하더라도 스스로 계획을 세워 실행해볼 기회를 주는 것이 바람직하다. 물론 부모의 기대 수준에는 미치지 못할 수 있지만, 시행착오를 겪으며 자신만의 방법을 찾아가고 계획을 수정해나가는 과정을 통해 성취감을 느낄 수 있다. 이런 경험은 학습에 대한 흥미를 불러일으키고, 점차 공부의 양과 질을 늘려가는 데 중요한 밑거름이 된다.

내 경우는 바쁘게 일을 지속하다 보니 양육 과정에 있어 조부모님과 선생님들의 도움을 받아야 했다. 큰아이가 초등학생 1학년이 되었을 때 자기 조절력을 키우기 위해서는 루틴을 챙기는 습관을 들여야 한다는 필요성을 느끼고 대학생 방문 선생님을 둬서 일주일에 세네 번 아이를 돌봐주게끔 했다. 학습도 도와주셨지만, 매번 올 때마다 학교 숙제를 확인해주고, 다음 날 수업에 필요한 준비물을 함께 챙기고, 가방을 챙기는 것을 도와달라고 부탁드렸다. 아이가 초등학교 3학년이 됐을 땐 학습 난도를 약간 높이고, 선생님이 방문하는 횟수를 일주일에 두 번 정도로 줄였다. 방문 선생님이 이런 루틴을 반복적으로 도와주다 보니 아이도 점점 더 스스로 챙기는 힘이 늘어났던 것 같다. 초등학교 4학년부터는 아이가 방과 후에 집에 와서 일과표를 쓰게 하도록 방문 선생님에게 요청했다. 학교에 다녀왔으니까 이제 학원 숙제는 뭘 해야 하고, 그 숙제를 하려면 얼마나 걸리는지 생각해서 계획표를 스스로 짜보게 했던 것이다. 공부를 몇 시에 끝내고 몇 시부터 자유 시간을 가질지 노트에 적게 했다. 첫째를 그런 방식으로 했는데, 둘째는 형이 하는 걸 옆에서 보다가 저절로 형의 루틴을 따라하게 되어 별다르게 방문 선생님의 도움을 받을 필요가 없었다.

아이들이 성장함에 따라 자연스럽게 스스로 할 수 있는 것들이 늘어난다. 조직화를 하고 스스로 계획을 세우는 것은 청소년 시기부터 매우 중요해진다. 중학교부터는 시간 계획을 세우고 효율적으로 공부할 필요가 절실해지기 때문이다. 어릴 때부터 계획을 세워서 공부하고 루틴을 스스로 관리해나가는 과정 속에서 자기 조절력을 조금씩 키워나가다 보면 청소년기의 생활 관리 및 학습이 그리 어렵지 않게 된다.

아무리 중학생이 질풍노도의 시기라 해도 초등학생 때보다는 자기 관리력이 더 나아지기 마련이고, 고등학생쯤 되면 아이들이 상당히 많이 성숙하여 대부분의 일을 스스로 하게 된다. 자녀가 아직은 미숙하더라도 부모가 나서서 학습을 일일이 관리하기보다는 좀 더 길게 내다보고 아이에게 조금씩 주도권을 넘겨주는 것이 고등학교 시기나 성인기의 독립성을 위해서는 훨씬 현명한 길이다.

중·고등 시기 : 아이에게 꼭 필요한 내재 동기

어떻게 하면 학생들로 하여금 '공부하고 싶다'라는 긍정적인 감정을 자연스럽게 느끼게 할 수 있을까? 이는 많은 교육자들이 끊임없이 고민하는 과제 중 하나다. 특히 중·고등 시기에, 아이들이 어려운 공부를 꾸준히 해나가기 위해서는 그 무엇보다 '학습 동기'가 매우 중요한 요인으로 작용한다. 아이들은 초등학교 저학년 때까지는 주로 외재 동기, 즉 용돈이나 장난감, 부모나 선생님, 친구들에게 인정받기 위해 공부를 한다. 하지만 이런 외재 동기의 유효기간은 그리 길지 않다. 요즘은 초등학교 5학년만 되어도 갖고 싶은 물건을 사준다는 것이 잘 통하지 않는다.

조금만 노력해도 좋은 결과물을 내놓을 수 있었던 초등학교 때에 비해 중·고등학교 시기에는 학업 난도가 높아지고 학습량이 늘어나기 때문에 웬만한 노력과 시간을 투자해서는 성취감을 느끼기가 쉽지 않다. 그래서 자신이 하는 일에 재미나 의미를 느껴서 스스로 열심히 하게 만드는 내재 동기의 역할이 점점 중요해진다.

또 이 시기가 되면 자아 정체성, 독립심이 커지면서 인생이나 공부의 의미에 대해 고민하기 시작한다. 왜 공부를 해야 하는지 스스로 묻고 나름대로 답을 찾으려 하는 것이다.

부모님들은 평소에 잘 느끼지 못할 수도 있지만, 아이들은 자기 나름대로 앞으로의 미래에 대해 깊게 고민한다. 하지만 요즘 많은 부모들이 선호하는 '관리형 학원'에서는 아이들의 독립성을 키우기는커녕 학습 전반을 지나치게 세세하게 챙겨주는 시스템을 갖추고 있다. 인공지능까지 동원하여 일정을 자동으로 짜주고, 오답 노트도 정리해주는 등, 아이가 신경 쓸 필요 없이 모든 것이 '관리'된다는 점이 장점으로 강조된다. 이런 방식은 일부 아이들에게는 도움이 될 수 있다. 그러나 사춘기라는 발달 단계를 지나며 독립심과 자율성에 대한 고민이 깊어지는 시기의 아이들에게는 오히려 자율성을 침해하는 요소로 작용할 수 있다. 결과적으로는 스스로 공부하려는 동기나 흥미를 떨어뜨리는 '독'이 되기도 한다.

이처럼 일부 아이들에게는 관리형 학원이 잘 맞지 않는데, 아이들이 이런 학원을 좀 더 자율성을 부여하는 다른 학원으로 바꿔달라고 요청할 때 부모들은 대개 어떤 반응을 보일까? 부모 중 상당수가 아이가 힘든 관리를 회피하고 공부를 게을리하려 한다고 생각한다. 그래서 아이 의견을 무시하고 들어주지 않는 경우가 많다. 그러면 아이들은 얘기해도 소용없으니 학원에 가서 자버리거나 수업을 듣지 않는 식으로 반항하는 악순환이 반복된다. 아이들이 미숙하니 부모 눈에는 한심해 보이는 면이 있더라도 이 시기에는 특히 왜 저렇게 고민을 하는지 살펴보면서 아이 의견을 귀 기울여 잘 들어줄 필요가 있다.

다시 강조하자면, 중·고등학교 시기에는 공부에 대한 학생 나름의 의미 부여가 매우 중요하고 필요하다. 내재 동기를 향상시키기 위해 많은 부모님들이 '공부를 안 하면 인생이 망할 거다', '나중에 취업도 안 되고 결혼도 못 할 거다' 하는 식으로 두려움이나 압박감, 공포를 조장하는데, 그런 두려움이나 압박감 속에서는 자율성에 기반한 내재 동기가 생겨날 수가 없다. 오히려 성적이 잘 나오든 안 나오든 학생은 공부를 해나가는 과정을 통해 성실함과 끈기를 키울 수 있고, 나중에 성인이 되면 그런 자질들이 많은 난관을 헤쳐 나가게 해준다는 말을 어릴 때부터 은연중에 계속 해주는 게 더 중요하다.

또 이 시기에 중요한 것은, 아이 스스로 계획하고 실행하는 능력을 향상시켜주는 것이다. 요즘에는 입시가 점점 더 저학년으로 내려와서 중학교 시기에 고등 과정 선행학습을 마치게 하려는 경향이 강하기 때문에, 많은 부모님들이 최적의 시간적 효율을 추구하느라고 아이들에게 시행착오할 기회를 주지 않는다.

하지만 아이들이 중학교 시절에 스스로 공부량을 계획하고 실행해보고 시행착오를 거쳐서 자신이 한 시간에 얼마나 할 수 있는지, 어느 선을 넘어가면 공부가 잘 안 되는지를 스스로 알아가는 경험을 하는 것은 본격적인 고등학교 공부를 위해서도 매우 중요하다.

교육의 목표라는 것은 사실 자율적인 학습을 통해 성취감을 느끼고 자기 주도적인 학습을 해나가게 도와주는 것이다. 이런 목표가 달성된다면 성적이 좋지 않은 아이조차도 공부 과정에서 의미와 보람을 느낄 수 있게 된다.

한편 공부에 재능이나 관심이 없는 아이들도 많은데, 이런 아이들은 운동이나 예술 활동 등 자기 관심사를 꾸준히 해나가도록 도와주는 것이 자율성과 실행 기능 향상에 큰 도움이 된다. 뭐든 하나를 끝까지 집요하게 해본 경험이 있는 아이들은 무언가를 잘하는 데 필요한 인내심, 감정 관리, 대인 관계, 회복 탄력성, 집요함 등 심리적인 자원이 풍부해질 수 있다. 특히 요즘처럼 변화가 많은 시기에는 이런 심리적인 자원을 풍부하게 길러야 불확실성과 좌절감을 잘 견뎌가며 자기 나름의 성공을 이루어나갈 수 있다.

감정 조절 능력은
기다림 속에서 자란다

　감정 조절 발달에는 전두엽 기능이 핵심적인 역할을 한다. 이 기능은 유전적 요인뿐만 아니라 환경적 자극과 경험에 의해 형성되며, 특히 청소년기에 급격한 변화를 겪는다. 아이들이 미래를 위해 당장의 즐거움을 유보하고 공부에 집중하려면, 전두엽이 관장하는 충동 억제 능력이 필요하다. 그렇다면 나이가 들수록 전두엽 기능이 발달하는데, 청소년들은 왜 충동 억제를 잘하지 못할까? 하필이면 사춘기에 감정 변화나 중독 행동과 관련된 변연계 보상 회로의 발달이 전두엽 발달보다 더 빠르게 이루어지기 때문이다. 이로 인해 전두엽의 억제 기능이 상대적으로 약한 청소년기에는 감정 기복이나 충동적인 행동이 쉽게 나타난다. 이른바 '중2병'이라 불리는 정서적 미숙함도 결국은 정상적인 뇌 발달의 한 과정인 셈이다.

뇌과학 연구에 따르면 전두엽은 중학교 시기까지는 아직 미성숙 상태이며, 평균적으로 고등학교 2~3학년에 이르러서야 어느 정도 성숙한 기능을 보인다. 특히 남학생의 경우 이 시기에 충동성이 점차 줄고 스스로를 조절하는 능력이 생기면서, 부모들이 '이제 철이 드는 것 같다'라고 느끼게 되는 것이다. 또한 감정 조절은 단지 뇌의 구조적 성숙뿐 아니라 스트레스 수준과도 밀접한 관련이 있다. 아이들도 어른들처럼 스트레스가 심할 때는 쉽게 감정을 폭발시키곤 한다. 따라서 감정 조절 능력은 뇌의 발달과 더불어 아이가 처한 심리적 환경과도 깊이 연관되어 있다는 점을 이해해야 한다.

결국 감정 조절의 핵심은 아이의 전두엽이 충분히 발달할 때까지 기다려주고, 그 과정에서 적절한 환경과 정서적 지지를 제공하는 것이다. 감정의 파도를 헤쳐나가는 힘은 과도한 스트레스를 주지 않는다면 아이 안에서 자연스럽게 자라나게 되어 있다.

중2병은 통과의례인가, 위기 신호인가

앞서 언급한 것처럼, 중2병은 중2 또래의 사춘기 아이들이 보이는 심리적, 행동적 특징을 빗대어 일컫는 말이다. 허세가 있고 변덕은 죽 끓듯 하고 계속 따지고 들고 논쟁하고 자기가 제일 우월한 듯이 행동한다. 그런데 다른 한편으로는 몹시 우울해하고 외로워하고 불안해하고 짜증을 많이 낸다. 이렇듯 감정과 행동이 어디로 튈지 모르니 부모들이 힘들 수밖에 없다. 그런데 중2병이라고 하던 아이들 중 70~80퍼센트는 나이가 들면서 자연스럽게 이런 모습을 보이지 않고 더 성숙해진다.

하지만 일부 아이들은 감정 기복이 심한 수준을 넘어, 폭력적인 행동을 보이거나 심한 우울감으로 자해나 자살사고를 호소하고, 대인 관계를 제대로 맺지 못하거나 성적이 급격히 떨어져 아예 공부를 포기하는 등 일상생활에 기능 저하가 나타나기도 한다. 이러한 경우에는 단순히 시간이 지나면 나아질 것이라며 기다려서는 안 되며, 정신적인 문제를 의심해볼 필요가 있다. 실제로 아이가 병원에 가기를 거부하는 경우도 많기 때문에, 우리 병원에서는 아이가 직접 내원하지 않더라도 부모가 아이 문제를 상담할 수 있는 창구를 마련해두고 있다. 아이가 진료를 받아야 할 상황인지 여부는 반드시 전문가와 상의하는 것이 바람직하다. 청소년기는 주요 정신질환이 발병하는 시기이기 때문이다.

아이들이 이렇게 행동하는 데에는 여러 가지 원인이 있다. 청소년기는 전두엽 기능이 발달하고, 자아 정체성에 대해 고민하고, 어른으로부터 독립해가는 과도기이다. 이 시기에 아이들은 어른들에게 불만을 느끼기도 하고 압력에서 벗어나 심리적으로 독립하려는 노력도 하게 된다. 특히 호르몬 변화와 함께 감정 뇌가 많이 발달하는 시기여서 감정 기복과 정서 불안성도 높아진다. 또 추상적 사고가 발달하면서 인생, 친구, 공부의 의미에 대해서 고민하기 시작한다. 따라서 이 시기를 거치지 않고는 진정한 의미의 성인으로 독립할 수가 없다. 통과의례 기능을 하는 시기로 보면 된다.

그래서 중2병이 왔다고 해서 너무 걱정할 필요는 없다. 뒤늦게 겪는 것보다는 차라리 일찍 이런 시기를 겪는 것이 향후의 학업을 위해서도, 인생의 목표를 설정하는 면에 있어서도 훨씬 낫다.

초등학교 때는 조금만 열심히 하면 성적이 올라 어른들한테 인정받고 친구들의 선망을 받을 수 있지만, 중·고등학교에 올라가면 조금의 노력으로는 쉽게 성적을 올릴 수가 없다. 또 우리나라는 상대평가 제도로 아이들을 평가하기 때문에 아무리 열심히 해도 상위 10퍼센트에 속하는 아이들만 원하는 성적을 받을 수 있다. 그렇기 때문에 상위 그룹에 속하지 않은 아이들이 공부에서 느끼는 좌절이 굉장히 클 수밖에 없다. 공부로 성취감을 느끼기가 너무 어렵기 때문에 성적이 잘 나오지 않아도 공부에 나름대로의 의미를 부여할 수 있는 학생들만이 좌절에 빠지지 않고 끝까지 해나갈 수가 있는 것이다. 중학교 시절에 공부의 의미에 대해 고민한 아이들이 고등학교에 가서도 동기 부여가 되기 때문에 좌절을 이겨내고 공부를 지속할 수가 있다.

특목고 입시가 낳는 부작용

　우리나라는 입시 경쟁이 너무 치열해서 아이들이 중·고등학교 시기에 진로에 대한 생각을 충분히 해볼 시간적 여유가 없어 이를 미루어 놓았다가 대학교에 가서야 고민을 시작하는 학생들이 굉장히 많다. 앞서 말했듯이, 중학교 때는 자율성을 바탕으로 자신이 뭘 좋아하고 재미있어하고 어떤 의미를 갖는지에 대해서 탐색해야 하는 시기이다. 공부 과정에 있어서도 아이들마다 자신에게 맞는 학습 방식이 다 다르기 때문에 시행착오가 필요하다. 다행히 중학교에서는 일반적으로 내신 등급에 대한 부담이 크지 않으므로 고등학생에 비해서는 학교 성적에 대한 스트레스가 적다. 오히려 그 시기에 성적이 잘 나오지 않아 좌절을 겪어보는 경험이 아이에게는 중요한 자산이 될 수도 있다. '왜 시험을 망쳤을까? 어떻게 하면 더 나아질까?'라는 고민을 하면서 부모님이나 선생님께 조언을 구하고, 스스로 공부법을 바꾸어가면서 자신에게 맞는 학습법도 찾고, 실패로 인한 좌절을 툭툭 털고 일어나는 법을 배우는 것이다. 그래서 나는 중학생 아이들에게 종종 이렇게 말하곤 한다. "지금 당장 성적이 안 나와도 괜찮아. 학교 선생님이나 학원 선생님에게 답을 여쭤어보기 전에 네가 어디에서 막히는지, 이번 시험 점수가 왜 안 나왔는지 스스로 이유를 찾으려고 시도해봐. 그렇게 혼자 곰곰이 생각해보는 과정 자체가 엄마나 선생님 말을 무조건 따라서 좋은 성적을 받는 것보다 더 중요해." 이렇게 스스로 생각해본 경험이 있는 아이와 부모가 짜준 커리큘럼대로 무조건 따라가기만 한 아이 사이에는 비록 중학교 성적은 같을지라도 나중에는 큰 차이가 생긴다.

중학교 시기에 스스로 의미 있고 재미를 느끼는 활동을 찾고 계획을 세우고 실행해보며 자기만의 학습 방식을 정립하는 경험은 어떤 고등학교에 가든 꼭 필요한 과정이다. 그 시기에 이런 경험이 없다면, 고등학교에서 갑작스럽게 학업량과 스트레스가 늘어나면 아이는 더 크게 흔들릴 수밖에 없다.

특히 특목고 진학을 목표로 하는 학생들의 경우, 중학교 내신에서 실수를 용납하지 않는 분위기가 조성되기 때문에 이런 자기 주도적인 학습 경험에 문제가 생길 수도 있다. 부모는 아이를 좋은 고등학교에 보내기 위해 내신 관리 학원이나 특목고 준비 학원에 보내고, 학습 과정에 적극 개입하면서 전과목 A의 중요성을 강조한다. 또, 중학교 때까지는 어른들이 이끌어주는 대로 성실히 따라가기만 해도 원하는 성적을 얻는 경우가 많다. 특목고를 준비하려면 A만 받으면 되고, 과목당 30~40퍼센트가 A를 받으므로 학원에서 가르쳐주는 것만 성실히 하면 원하는 성적을 받을 수가 있다. 그 결과 역설적으로 아이는 스스로 시행착오를 겪을 기회를 잃고, 자율적인 학습 태도나 문제 해결 능력을 기를 시기를 놓치게 된다. 이 경험의 공백은 고등학교나 대학교에 진학한 후에야 채워지기 시작하며, 그때 가서 크게 혼란을 겪는 경우가 생긴다.

물론 특목고는 우수한 학생들이 모여 있어 면학 분위기가 좋고, 대학 입시에 유리한 프로그램이 잘 갖춰져 있는 경우가 많다. 부모 입장에서 선택하고 싶어지는 것도 이해할 수 있다. 또 학습 능력이 우수한 일부 학생들의 경우 특목고라는 목표가 생기면서 동기 유발이 더 잘 되어 스스로 진학 준비를 훌륭하게 해내는 경우도 많다. 하지만 체계적인 사교육 프로그램을 통해 상급학교 준비를 하는 것이 대세인 요즘 분위기에서 중학교 내신 성적을 지나치게 강조하다 보면 아이들이 스스로 고민해나가는 자기 주도적 학습 능력에 문제가 생길 수도 있다. 또한 30~40퍼센트의 학생들에게 A를 주던 중학교와는 달리 고등학교에 가서 비슷한 성적을 유지한다면 등급 기준이 엄격하므로 내신 성적이 필연적으로 떨어지게 된다. 중학교 때는 우등생이라고 스스로 생각했던 아이들이 이 정도 성적을 받으면 당황하고 좌절하고 헤매게 된다. 이때 아이에게 진가를 발휘하는 힘은 바로 중학교 때의 시행착오 경험들, 성적 저하의 스트레스에 대처해본 경험들, 스스로 문제점을 파악하고 계획을 세우고 실천해본 경험들에서 나온다.

공부 동기는 자율성에서 시작된다

발달 단계별로 중요 사항을 이야기할 때 반드시 함께 짚고 넘어가야 할 주제가 하나 더 있다. 바로 '자율성'이다. 많은 부모가 이 부분을 간과한다. 하지만 자율성이 없다는 것은 아이 안에서 무언가를 자기 뜻대로 해보겠다는 내적인 동력, 즉 내재 동기가 작동하지 않는다는 뜻이다. 아이에게 학습의 즐거움이나 의미를 심어주고 싶다면, 자율성이 있어야 내재 동기가 힘을 받는다.

교육심리학 분야에서 널리 주목받고 있는 '자기결정성(Self-Determination)' 이론도 바로 이 자율성을 강조하는 동기 이론이다. 이 이론은 자율성, 유능감, 관계성이 충족될 때 내재 동기가 생긴다는 동기 이론으로, 아이가 어떤 행동을 자신이 결정했다고 느낄수록 그 행동에 대해 의미를 느끼고, 자발적으로 몰입하게 된다고 본다. 자기결정성이 높아지기 위해서는 세 가지 기본 요소가 필요하다.

자율성: 내가 스스로 선택하고 결정했다고 느끼는 것
유능감: 내가 할 수 있다는 자신감과 성취감
관계성: 내가 혼자가 아니라, 누군가와 연결되어 있다는 느낌

이 세 가지가 함께 충족될 때 아이는 내면에서부터 동기를 갖게 된다. 예를 들어, 아이가 스스로 공부할 계획을 세우고(자율성), 그 과정에서 조금씩 실력이 느는 걸 체감하고(유능감), 부모가 응원해주거나 친구와 함께 도전하면서(관계성) 즐거움을 느낀다면, 이 학습은 외부에서 시켜서가 아니라 아이 안에서 우러나는 내재 동기로 이루어지게 된다.

결국 무엇을 하든 스스로 선택하고 주도해본 경험이 아이에게 중요하다. 부모는 그 선택을 존중하고, 아이가 유능감을 느낄 수 있도록 격려하면서, 관계 안에서 안정감을 느끼게 해주는 역할을 해야 한다. 자율성을 허용한다고 해서 아이를 방임하는 것은 아니다. 아이가 자기 삶의 주체로 성장해갈 수 있도록 판을 깔아주고, 응원하고, 기다리는 것, 그것이 진짜 자율성 교육이다.

자기결정성 이론을 공부에 적용해보면, 아이의 내면에서 우러나오는 동기, 즉 내재 동기를 키우는 데 중요한 힌트를 얻을 수 있다.

아이가 공부에 자발적으로 몰입하도록 돕고 싶다면, 먼저 자율성을 보장하는 환경부터 만들어야 한다. 예를 들어, 아이가 스스로 공부 계획을 세울 수 있도록 도와주고, 강요보다는 선택지를 주는 방식으로 접근해야 한다.

또한 아이의 현재 수준보다 살짝 높은 난도의 과제를 제시하면 '도전할 만하다'라는 느낌과 함께 작은 성공 경험이 자주 쌓이게 되고, 이 과정에서 유능감이 자라난다. 한 번 성공해본 경험은 또 한 번 해보고 싶다는 동기를 낳는다.

관계성은 공부가 다른 사람과의 긍정적인 연결 속에서 이뤄질 때 생긴다. 우리 사회에서는 학생 시절, 공부를 잘하면 부모에게 칭찬을 받고, 친구들 사이에서도 인정받고, 선생님에게도 긍정적인 피드백을 받는다. 이처럼 공부가 아이에게 '소속감'과 '인정받는 느낌'을 줄 수 있다면, 관계성이라는 조건도 충족된다.

결국 자율성, 유능감, 관계성이 균형 있게 충족될 수 있도록 학습 환경을 설계하는 것이 가장 바람직하다. 하지만 현실에서는 이 세 가지가 고르게 충족되기 어렵다. 특히 입시 전문가들의 이야기를 들어보면, 우리나라 교육 환경은 자율성이 매우 부족한 구조를 갖고 있다.

현재의 교육과정은 정해진 커리큘럼과 시간표 속에서 아이가 스스로 선택하고 결정할 여지를 거의 주지 않는다. 이렇다 보니 성적이 우수한 아이들조차도 내재 동기에 이끌려서 공부하는 경우는 드물다. 대부분은 외부의 평가와 기대에 맞추어 움직이게 되는 것이다.

아이에게 진짜 동기를 심어주고 싶다면, 제도와 상관없이 집에서라도 자율성을 키울 수 있는 기회를 주는 것이 중요하다. 자기 스스로 선택했다고 느낄 때, 아이는 비로소 자기 주도적으로 공부에 의미를 느끼게 된다.

게임이 내재 동기를 자극하는 이유

자기결정성 이론과 내재 동기의 관계를 단번에 이해할 수 있는 좋은 사례가 하나 있다. 바로 인터넷 게임이다. 어른이든 아이든, 한 번 빠지면 헤어나오기 어려운 게임 속에는 사실 자기결정성 이론이 그대로 녹아 있다.

아이들은 왜 그렇게 게임에 빠질까? 먼저 어떤 게임을 할지, 어떤 캐릭터나 레벨로 시작할지를 스스로 선택할 수 있다. 시작부터 자율성이 주어지는 셈이다. 그리고 게임의 구조는 대부분 아주 촘촘하게 난도 조절이 되어 있다. 한 단계를 깨기 위해 여러 번 도전하고 계속 레벨을 반복하게 만들고, 결국에는 '내가 이 레벨을 마스터했다'라는 유능감을 느끼게 해준다. 다음 레벨로 넘어가면 아이가 도전해볼 만한 수준으로 약간만 어려워져 또다시 몰입하게 된다. 이 과정을 반복하면서 아이는 계속해서 성취를 경험하게 된다.

게다가 인기 있는 게임들은 팀을 짜서 함께 미션을 수행하는 협동 중심 구조를 갖고 있다. 친구들과 함께 전략을 짜고, 역할을 나누어 수행하며, 잘했을 때 또래의 인정과 소속감을 느낀다.

즉 자율성, 유능감, 관계성이 모두 충족되는 구조다. 단순히 재미있기 때문이 아니라, 게임이 이렇게 사람의 동기를 자극하는 원리를 정확히 반영해 설계되어 있기 때문에 아이들이 빠져드는 것이다.

반면 우리나라의 교육 시스템은 이런 방식과는 거리가 멀다. 일부 공부 재능이 있는 아이들을 제외하면, 대부분의 학생들에게 공부는 스스로 선택할 수도 없고, 성취감을 느끼기도 어려우며, 다른 사람과의 관계에서도 즐거움을 느끼기 힘든 활동으로 다가온다. 자율성은 제한되어 있고, 유능감은 시험이라는 한정된 결과로만 평가받으며, 관계성 역시 경쟁 중심의 구조 속에서 위축되기 쉽다. 결국 아이들은 공부에 몰입하지 못하고, 내재 동기를 갖기도 어려운 구조에 놓이게 되는 것이다.

그래서 게임 기반 온라인 학습에 자주 적용되는 레벨 디자인 방식은 잘 적용되기만 한다면 아이들의 학습 동기를 높이는 데 도움이 될 수 있다. 뇌에서 집중력과 쾌감에 관여하는 신경전달물질인 도파민이 분비되려면 제공되는 학습 자극이 너무 익숙하지도, 그렇다고 지나치게 어렵지도 않아야 한다. 계속 똑같은 내용만 반복하면 지루해지고, 반대로 너무 어려우면 좌절감을 느끼게 하기 때문이다. 즉, 아이 학년의 학습 과제보다 새롭거나 난도가 살짝 높은 적절히 도전적인 과제가 주어져야 뇌에서 도파민 분비 반응이 일어난다. 도파민이 분비되어 쾌감을 느끼면 아이들에게 공부를 지속하고 싶은 동기가 유발되고, 학습의 재미와 성취감을 느끼게 되면 공부에 대한 긍정적인 감정이 생긴다.

게임에서 배울 만한 또 다른 요소는 아이가 하나의 레벨을 충분히 숙달할 때까지 반복하게 함으로써 결국에는 해당 단계를 마스터하게 만든다는 점이다. 한 레벨에 숙달된 이후에 다음 단계로 넘어가도록 설계되어 있어 반복 학습 및 점진적 성취가 가능한 구조이다.

반면 학교 교육에서는 학생이 특정 개념을 제대로 이해하지 못했더라도 진도가 계속 나가며 더 어려운 내용을 다루게 된다. 설상가상으로 학원에서 몇 학년이나 앞선 선행학습까지 더해진다. 이로 인해 아이들은 학습을 통해 성취감을 느끼기보다는 좌절감과 스트레스를 경험하게 된다. 이러한 상태는 스트레스 호르몬을 분비시켜 우울과 불안을 유발하기 때문에, 아이들은 본능적으로 이런 부정적인 감정을 회피하려 한다. 결국 아이들이 즐겁게 몰입하며 학습에 익숙해지도록 하려면, 난도를 조절함으로써 긍정적인 감정을 느끼게 하는 학습 환경을 조성하는 것이 중요하다.

다시 한번 강조하지만, 학습에서도 자율성과 성취 경험, 관계 속의 인정이 균형 있게 제공되어야 모든 부모들이 원하는 '스스로 공부하는 아이'가 된다는 것을 기억해야 한다.

7장

내 아이를 위한
감정 조절 방법

긍정적인 공부 감정을
어떻게 만들 수 있을까

이번 장에서는 공부 감정에 영향을 미치는 여러 가지 요인을 하나씩 자세히 살펴보고자 한다. 아울러 부모가 어떤 방식을 취할 때 아이들의 긍정적인 공부 감정을 효과적으로 이끌어낼 수 있는지도 함께 알아보고자 한다.

우리 아이들은 아직 여러 면에서 미숙하기 때문에 부모님들이 해줘야 하는 역할이 있다. 아이가 공부를 잘하는 데 필요한 것 중 하나가 바로 '학업 효능감'이다. 학업적 자기 효능감(academic self-efficacy)이라고도 불리며, 주어진 과제를 성공적으로 수행해낼 수 있는지에 관한 주관적 확신을 말한다. 학업 효능감이 높은 아이들은 공부를 잘 해낼 수 있다는 자신감을 가질 뿐만 아니라, 성공과 실패의 원인을 파악하고 이를 스스로 해결할 수 있다고 믿는 긍정적인 태도를 지니고 있다. 즉, 시험을 망쳤다면 망친 이유가 뭔지, 또 잘 봤다면 잘 본 이유가 뭔지 알아내서 자신이 다시 공부를 잘 해낼 수 있다는 믿음을 가지고 있다. 이런 학업 효능감이 바탕이 되어야 학습 동기도 높아지고 어려운 과제에 도전하는 과제 집착력도 강해져서 중·고등학교 시기에 학습을 포기하지 않고 지속할 수 있다. 학업 효능감을 키워줄 때 유의할 것이 바로 과제 난도를 아이에게 맞춰주는 것이다.

과제 난도는 개인의 능력에 따라서 굉장히 다르다. 실력은 낮은데 과제 난도가 너무 높으면 아이는 불안이 올라가서 의욕을 잃고 포기하게 되고, 한편 실력이 높은 아이한테 과제 난도가 너무 낮으면 지루해하고 권태에 빠진다. 그렇기 때문에 엄마들이 내 아이를 잘 관찰하고 선생님과도 상의하면서 우리 아이가 어느 정도 수준에서 도전 의식을 갖는지, 또는 의욕을 잃는지를 파악한 다음 학습에서 작은 성공 경험을 하게 해주는 것이 중요하다. 아이의 자존감을 높이려고 선행학습을 시키고, 레벨이 높은 반에 넣으려고 또 다른 과외를 붙이는 것보다, 작은 성공을 경험하게 함으로써 '학업 효능감'을 높일 때 입시에서 성공을 거둘 수 있는 것이다.

여키스-도슨 법칙은 불안 수준과 수행 능력 간의 관계를 잘 설명해주는 이론이다. 이 법칙을 나타낸 그래프를 보면, x축은 불안도, y축은 효율, 집중력, 인지 능력을 의미하는데, 불안이 적절한 수준일

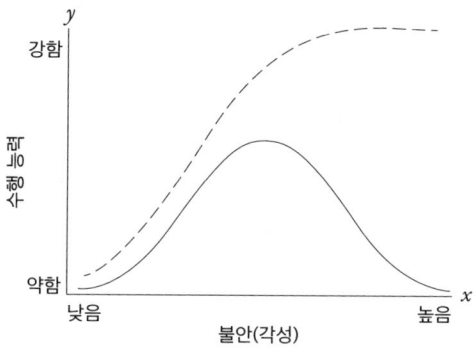

적절한 불안(각성)일 때 수행 능력이 가장 높고, 어려운 과제가 주어지면 수행 능력이 현저히 떨어진다.

때 집중력과 인지 기능이 가장 잘 발휘된다는 것을 알 수 있다. 반대로, 불안이 지나치게 높을 때는 물론이고, 너무 이완된 상태에서도 집중력과 인지 능력은 떨어지게 된다. 즉 적절한 긴장 상태, 다시 말해 적절한 불안-각성도를 유지해야 수행 능력이 가장 높고 공부도 잘된다. 이는 공부뿐 아니라 일상생활의 다양한 활동에도 그대로 적용되는 원리다.

도파민의 분비 역시 아이의 동기와 행동을 유도하는 중요한 요소다. 아이가 어떤 일에 몰입할 때, 뇌에서는 도파민이 분비되어 성취감과 쾌감을 느끼게 된다. 인간은 이러한 도파민의 쾌감을 다시 경험하고 싶어 하기 때문에 그 행동을 반복하게 된다. 특히 과제의 난도가 아이의 현재 실력보다 살짝 높을 때 뇌는 '이건 해볼 만하다'

라는 기대감을 갖게 되고, 이때 도파민이 분비되면서 자연스럽게 도전하게 된다. 도파민은 실제로 성공했을 때뿐 아니라 성공할 수 있을 것 같은 기대와 예측의 순간에도 분비되기 때문에, 이 과정이 학습 동기를 강화한다. 따라서 아이에게 도전 의식을 자극할 수 있을 정도로 난도를 약간씩 조정해주는 것이 가장 효과적인 학습 설계 방식이다.

도전할 만한 난도의 과제는 아이의 호기심을 불러일으킨다. 도전해서 남의 도움 없이 과제를 처리해야 아이가 성취감을 느끼게 되고, 그런 경험이 자꾸 쌓여야 자신이 잘할 수 있다는 인식을 갖게 된다. 그 과정을 도와주려면 아이가 숙제를 할 때 너무 어려워하지 않는지 살피고, 테스트 성적이 잘 안 나오면 선생님과 상담해서 아이가 학습 내용을 어려워하지 않는지 파악할 필요가 있다. 아이가 잘 못 따라가고 있다면 난도를 낮춰야 하는지를 주기적으로 체크해 보는 게 좋다.

일부 학원에서는 등수별로 반 편성을 하거나 성적을 공개적으로 게시하는데, 보상 의존성이 높은 아이들에게는 이런 환경이 큰 스트레스로 작용할 수 있다. 그런데 부모가 아이의 기질을 잘 모르거나 인정하지 않으면, 아이가 불편해하거나 힘들어해도 무조건 이런 학원에 가야 한다고만 강요하게 된다. 하지만 어떤 아이들은 다른 사람 앞에서 망신당하는 상황을 극도로 싫어하기 때문에, 그런 성향이 있는지를 부모가 세심하게 파악할 필요가 있다.

즉 아이가 학원에 가기 싫다고 말할 때, 단순한 의지 부족이나 게으름으로 판단하지 말고, 왜 그런지에 대해 진심으로 귀 기울여 들어보는 태도가 중요하다. 아이의 말 속에 기질적인 특성과 공부 감정의 단서가 숨어 있을 수 있기 때문이다.

초등학생들, 특히 자극 추구 성향이 높고 인내력이 낮은 아이들은 성적이 좋지 않으면 수업 후 남겨서 공부시키는 학원 시스템을 싫어하는 경우가 많다. 그 이유는 아이마다 조금씩 다르다. 어떤 아이는 남아 있는 시간이 지루해서 싫다고 하고, 또 어떤 아이는 자신이 남아 있는 모습을 친구들이 보는 것이 창피해서 싫다고 한다.

어른들은 대체로 '남들이 나를 어떻게 보든 상관없다'라는 단단함이 어느 정도 쌓여 있지만, 아이들은 여전히 다른 사람의 시선에 민감하다. 아이가 "남들이 보는데 남는 건 싫단 말이야"라고 말할 때, 엄마는 "그럼 네가 잘해서 안 남으면 되잖아"라고 대답하는 경우가 많은데, 이런 식의 순환논리적인 응답은 아이를 더 곤란하게 만든다. 아이들도 잘하려고 애쓰고 있지만, 자기 마음대로 안 되기 때문에 힘든 것이다. 이런 실랑이가 반복되다 보면 결국 아이는 학원 자체를 거부하게 된다.

또 어떤 아이들은 학원을 자주 옮긴다. "여긴 안 맞아", "저기도 별로야"라며 아이가 불만을 표현하면, 엄마는 또 다른 학원을 찾아보게 된다. 대부분의 학원은 한 달 정도 다니면 테스트와 숙제량의 수준이 드러나는데, 그 수준이 아이 실력보다 너무 높고 숙제가 많을 경우 문제가 생기기 시작한다. 초등학교 1~2학년 아이가 엄마의 닦달에 밤 10시, 11시까지 숙제를 한다. 아이가 잘하지 못하니 부모는 또다시 과외 선생님을 붙인다. 그러나 이렇게 되면 아이에게 공부는 점점 더 지겹고 고통스러운 일이 된다. 몸도 피곤하고, 정신적으로도 지치게 되면서, 아이는 짜증을 심하게 내거나 울기도 한다. 초등학생들은 아직 감정을 섬세하게 표현하는 능력이 충분히 발달하지 않았기 때문에, 짜증이나 울음으로 힘든 감정을 표출하는 경우가 많다.

이런 과정을 반복하면서 아이는 점점 공부에 대해 부정적인 감정을 쌓아가게 된다. 억지로 끌려다니는 공부는 내재 동기와는 거리가 멀어지고, 오히려 학습에 대한 거부감만 깊어지는 악순환이 생기는 것이다.

나는 그런 상황이 생기면 부모님께 이렇게 말씀드린다. "공부는 길게 보셔야 합니다. 지금 이렇게 아이가 공부에 질려버리면, 나중에는 정말 안 하게 됩니다." 하지만 많은 부모들은 그런 과정을 '훈련'이라고 생각한다. 아이가 힘들어해도 이겨내야 한다고 여기는 것이다. 그럴 때 나는 부모와 현실적인 기준을 함께 정해보는 방식으로 접근한다. 예를 들어, 초등학생이 하루에 영어 학원 숙제를 2시간씩 하는 것은 무리다. 그런데 부모는 "다른 아이들도 다 그렇게 하니까 우리 아이도 할 수 있다"라고 생각한다. 그러나 이런 숙제를 해내는 아이들은 대부분 공부에 재능이 있거나 특출난 아이들이다. 정상적인 발달 수준에서 보면, 초등학교 저학년이 한 과목 숙제에 2시간 이상 걸리는 것은 과도한 일이다. 그래서 나는 부모님께 아이의 발달 단계를 기준으로 설명해드리고, 현재 학원이 아이에게 맞지 않으면 학원을 바꾸는 것도 충분히 고려해볼 만한 선택이라고 조언한다.

실제로 내가 만난 한 아이는 결국 학원을 그만두고 영어 도서관 프로그램으로 바꾸게 되었다. 이 아이는 테스트를 매우 싫어했지만 책 읽는 걸 좋아했다. 그래서 선생님들이 아이의 리딩 수준에 맞춰 독서 관리를 해주는 도서관으로 옮겼다. 아이는 도서관에서 책을 읽고 집에 돌아와서 단어를 정리하고 줄거리를 요약하는 정도의 과제를 했는데, 부담이 줄어드니 도서관을 꾸준히 다니게 됐고, 점차 영어에 흥미를 느끼게 되었다. 물론 어머니 입장에서는 처음엔 아쉬운 결정이었다. '잘하는 아이들이 다니는 유명 학원'이 아니었기 때문이다. 하지만 아이에게 맞는 환경을 찾아갔기 때문에, 결과적으로 아이는 영어를 재미있게 받아들이게 되었고, 공부에 대한 긍정적인 감정도 함께 자라날 수 있었다.

또 한 가지 흥미로운 점은, 부모가 아이에게 학원을 바꾸자고 제안하면 의외로 아이가 "조금만 더 다녀볼게요"라고 말하는 경우가 종종 있다는 것이다. 아이들의 독특한 심리 중 하나는, 어른이 그만두라고 하면 오히려 더 하고 싶어지는 마음이 생긴다는 점이다. 특히 친구들이 다니거나 '좋은 학원'으로 소문난 곳이라면, 아이도 괜히 거기 다녀보고 싶은 마음이 커지기도 한다. 이럴 때 부모가 "힘들면 언제든 그만둬도 괜찮다"라고 말해주면, 아이는 부담을 훨씬 덜 느끼면서 학원 생활을 이어갈 수 있다.

사실 초등학생은 중학생에 비하면 훨씬 솔직하고 다루기 쉬운 편이다. 중학생이 되면 아이들은 점점 속마음을 말하지 않게 되고, 학원 문제로 부모와 이미 여러 차례 다퉈본 경험이 쌓여 있다. 그래서 엄마랑 또 싸우는 것 자체가 피곤해서 엄마가 강요하는 학원에 마지못해 가서 그냥 자고 온다는 아이도 있다.

결국 중요한 것은, 어릴 때부터 아이와 건강한 상호작용을 쌓아가는 것이다. 아이가 자기 생각과 감정을 솔직하게 표현할 수 있도록 신뢰를 형성해두는 것이 중·고등학교 시절의 학습 환경을 조율하는 데 가장 중요한 기반이 된다.

수현이는 중학교 3학년이었고, 끼가 많고 개성 있는 남학생이었다. IQ는 130 정도로 높은 편이었지만, 어릴 때부터 차에서 도시락을 먹으며 학원을 전전하느라 학원에 아주 진력이 나 있었다. 중학교에 들어가서도 학원 문제로 엄마와 계속 부딪쳤다.

어느 날 수현이가 이렇게 말했다. "저, 학원 그만둘 수 있는 방법 하나 알아냈어요. 선생님한테 욕하고, 조교한테도 욕하면 학원에서 저를 잘라요." 실제로 수현이는 학원에 가서 센 척을 하며 일부러 못되게 행동했다고 했다.

왜 그 학원이 그렇게 싫었는지 물었더니, 첫 번째 이유는 엄마가 시켜서 다니는 학원이기 때문이라고 했다. 자기 선택이 아니었다는 게 가장 컸다. 또 그 학원에서는 체벌을 했다고 한다. 요즘 같으면 교육청에 신고했을 일이지만, 당시에는 그런 학원이 종종 있었다.

그런데 이 아이가 고등학교 2학년이 되더니 스스로 공부를 해야겠다는 생각이 들었다며, 예전에 그렇게 싫어하던 그 학원에 자기 발로 다시 다니기 시작했다. 왜 다시 다니냐고 묻자 "성적이 오르니까 참을 만해서요"라고 했다.

여기서 중요한 포인트는, 아이가 '스스로 해야겠다고 마음먹었을 때' 똑같은 환경도 받아들일 수 있다는 것이다. 수현이는 그렇게 마음을 바꾼 후 열심히 공부해서 대학에 진학했고, 지금은 잘 지내고 있다. 물론 이 말이 "대학만 가면 다 잘된다"는 의미는 아니다.

다만 아이가 어떤 마음가짐으로 상황을 받아들이느냐에 따라, 과거에 '호랑이 굴' 같던 환경도 스스로 들어가게 된다는 점이 핵심이다. 그래서 고등학생쯤 되면 아이의 의견을 반드시 들어봐야 한다. 어느 학원이 좋다고 부모의 판단만으로 무작정 아이를 밀어붙이는 것은 사실상 부모 혼자만의 고집일 수 있다. 아이가 스스로 선택하고 결정할 수 있는 여지를 주는 것이 아이에게 진짜 힘이 된다.

보상보다
중요한 것

아이의 공부 감정에 영향을 끼치는 중요한 요인 중의 하나로 '과제 가치(task value)'가 있다. 과제 가치에는 내재 가치, 성취 가치, 이용 가치가 있다.

- **내재 가치**(intrinsic value): 배움 자체에 대한 흥미와 관심, 의미 등의 내재된 가치를 강조. 외부의 보상과 상관없이, 새로운 것을 알아가는 것에 만족을 얻을 때 느낄 수 있다.
- **성취 가치**(attainment value): 성취 자체의 중요성을 강조. 다른 친구보다 자신이 더 잘할 때 느낄 수 있다.
- **이용 가치**(utility value): 원하는 것을 얻기 위한 수단으로서 공부

의 가치를 강조. 공부를 잘해서 좋은 대학에 가면 나중에 좋은 직업을 갖게 되어서 돈을 많이 벌 수 있다는 등, 그러니까 배움 자체의 내재 가치가 아니라 그것을 이용해서 얻을 수 있는 외재 가치를 강조하는 것이다.

한 가지 유명한 심리학 실험을 예로 들어보겠다. 유치원 아이들이 게임을 하면서 재미있게 놀고 있는데 어른이 다가가서 "이 게임 잘하면 선생님이 사탕 줄게"라고 한다. 그러면 아이들은 사탕을 얻으려고 열심히 게임을 한다. 그런데 보상이 없을 때는 게임 자체에 재미를 느껴서 쉬는 시간에도 그 게임을 계속했는데, 사탕을 준다는 보상이 생기는 순간 아이들은 쉬는 시간에는 그 게임을 하지 않았다. 이제 게임은 사탕을 얻기 위한 수단, 즉 이용 가치가 강조되다 보니 게임을 지속하고자 하는 동기가 떨어진 것이다. 이 실험이 의미하는 것은 외재 가치를 강조하기보다는 공부 자체에서 얻는 즐거움, 즉 내재 가치를 강조해야 아이의 학습 동기가 증진되고 학습을 지속하는 시간도 늘어난다는 사실이다.

아이에게 공부의 목적이 좋은 성적을 받는 것이 되면, 즉 공부의 성취 가치나 이용 가치만을 강조하면, 기대한 만큼 성적이 나오지 않았을 때 아이는 쉽게 좌절하거나 수치심을 느끼게 된다. 즉, 공부에 대한 부정적인 감정이 생기게 되는 것이다. 따라서 점수나 결과에만 집중하기보다는, 아이가 스스로 흥미와 즐거움을 느끼는 공부나 활동을 존중해주면서 공부의 내재 가치를 키울 수 있도록 돕는 것이 더욱 중요하다.

교육학자들과 심리학자들의 연구에 따르면, 내재 가치를 중시하는 아이일수록 시험 불안이 낮아지는 경향을 보인다고 한다. 반면 성취 가치나 이용 가치를 중시하는 분위기에서는 시험 불안이 오히려 높아지는 경향을 보인다고 한다. 이는 공부 자체에 흥미나 의미를 느끼면 성적이 안 나온다 해도 공부 자체의 가치가 사라지는 것은 아니니 성적에 대한 집착이 덜해져서 시험 불안도 낮아지는 것으로 생각할 수 있다.

물론 좋아하는 공부를 선택해서 하는 것이 아니라 정해진 커리큘럼에 따라야 하는 측면이 많은 우리나라 공부에서 중·고등학생들에게 순수하게 내재 가치만을 강조하는 것은 쉽지 않다. 하지만, 공부는 마라톤처럼 길게 봐야 한다. 중간고사, 기말고사 한두 번 보면 끝나는 것이 아니라 초등학교부터 고등학교까지 12년을 꾸준히 해야 하고, 그 이후에도 사실 끝나는 것이 아니라 대학 진학 이후에도 평생에 걸쳐 끊임없이 새로운 지식과 기술을 습득해야 한다. 그렇기 때문에 이용 가치나 성취 가치만 중요시해서는 오래 지속하기가 힘들다. 성적이 잘 나오지 않아도 공부하는 과정 자체에 가치를 두고, 공부 자체에서 즐거움과 의미를 느끼도록 해야 한다. 그래야 그 지루함을 견디는 과정 속에서 성실성을 갖추게 된다.

감정 조절 능력을
높이는 방법

감정을 조절하는 것은 시간이 오래 걸리는 과정이다. 어릴 때 가정에서 이루어지는 의사소통이 특히 중요하다. 우리나라 부모들은 대부분 아이가 부정적인 감정을 표현하는 것을 불편해하는 경향이 있다. 부모 세대가 그런 가정 분위기에서 자랐기 때문에 부정적인 감정을 잘 수용하지 못한다. 앞에서 설명했듯이 감정은 개인의 생존을 촉진하고 동기를 불러일으키는 기능을 한다. 그래서 감정이라는 것은 긍정적이든 부정적이든 말로 표현하고 그것을 잘 다루는 방법을 가르쳐주는 것이 감정 조절의 핵심이다.

감정 조절의 1단계는 감정을 인식하고 표현하는 것이다. 아이들은 자라면서 불안이나 분노, 짜증, 우울감을 느끼게 되는데, 어릴 때부터 이런 감정들을 스스로 인식하고 표현하고 다루게 해야 한다. 표현만 잘 해도 부정적 감정의 절반은 풀린다. 속상한 일이 있을 때 친구와 수다를 떨다 보면 마음이 좀 풀리는 것과 마찬가지이다. 그렇게 감정을 인식하고 표현하고 나면 어떤 일로 좀 속상했더라도 마음의 위로를 받아 하던 일이나 공부를 다시 하게 된다. 그래서 어릴 때 부모와의 관계에서부터 감정을 표현하게 하는 것이 당장은 별것 아닌 것 같아도 감정 기복이 심해지는 청소년기에는 진가를 발휘한다.

감정 조절 능력을 키우는 전략에는 여러 가지가 있다.

첫째, 감정 지향 조절은 감정을 직접적으로 조절하는 방법이다. 불안해서 심장이 두근거릴 때, 몸이 떨리고 숨이 막히는 것 같을 때 복식 호흡, 명상, 근육 이완 훈련을 통해 신체적 증상을 직접적으로 줄이기도 하고, 불안을 줄이기 위해 주의를 딴 데로 돌리는 '주의 분산 훈련' 등의 방법이 있다.

두 번째는 상황에 대한 '평가'나 '생각'을 조절하는 것으로, 감정을 유발하는 상황에서 그에 대한 자신의 생각이나 평가를 바꾸는 것이다. 인지행동 치료에서 가장 많이 쓰는 기법이다.

친구보다 낮은 점수를 받은 학생이 처음에는 "나는 왜 항상 이 친구보다 못할까. 나는 공부에 소질이 없는 것 같아"라고 실망하다가, 곧 "모두가 잘하는 분야는 다르니까, 이번 과목은 그 친구가 더 강했을 뿐이야. 나는 내가 잘하는 영역에서 노력하면 돼"라고 평가를 조정하면서 자기 비난에서 벗어나는 것을 예로 들 수 있다.

세 번째로, 능력 지향 조절은 학습 능력이 너무 부족하거나 과제 난도가 너무 높아도 공부가 버겁고 싫어질 수 있으므로, 아이 수준에 맞는 수준으로 난도를 조절하거나, 학습 능력을 향상시키도록 도와주는 것을 말한다. 즉 능력을 향상시켜서 불안이나 좌절 등의 부정적 공부 감정을 감소시키는 방법이다. 학습 기술이나 기초 인지 능력이 부족해 공부를 두려워하거나 효율적으로 못 하는 아이들이 있다. 이런 아이들은 어릴 때부터 아이 수준에 맞게 난도를 구성하여 학습에 대한 작은 성공 경험을 많이 하게 하면서 학습 기술을 키워주면 공부할 때 생기는 좌절감, 수치심 등의 부정적 감정을 잘 조절할 수 있게 된다.

마지막으로, 환경 지향 조절은 아이에게 맞는 환경을 선택하거나 바꾸어주는 것을 통해 감정을 조절하는 것이다. 부모님들이 "우리 아이는 특목고 보내도 될까요? 대치동을 벗어나야 할까요?"라는 질문을 많이 하는데, 아이가 주변 아이들과의 경쟁적 학업 환경에서 너무 힘들어하는 경우에는 환경을 바꾸어서 부정적 감정을 줄여주는 것도 고려해보아야 한다. 아이의 욕구와 성향에 맞는 학교를 선택하고, 적절한 도전의 수준과 과제 난도 등을 설정하는 것이 부정적 공부 감정을 조절하는 데에는 장기적으로 현명한 선택이다.

시험 불안이 있는 아이들은 위에 언급한 네 가지 불안 조절 방법을 상황에 맞게 적용하면서 불안을 줄일 수 있도록 도와주어야 한다. 능력 지향 조절과 환경 지향 조절은 다른 두 가지에 비해 가정이나 개별 학생의 상황에 따라 적용될 수 없는 경우도 있으므로, 보통은 심리 치료를 할 때 인지행동 치료를 통한 '인지적 재평가'를 통한 조절이나 감정 지향 조절법을 흔히 사용하게 된다.

특히 감정 조절은 가능한 한 이른 시기에 교육하고 연습하는 것이 더 효과적이다. 어린 시절부터 아이에게 지금 어떤 감정을 느끼는지 묻고, 그 감정을 말로 표현할 기회를 자주 주면, 아이는 자연스럽게 자신의 감정을 인식하고 상황에 맞게 표현하거나 다스리는 능력을 키우게 된다. 이렇게 감정 표현과 조절에 익숙해진 아이는 나중에 시험 불안이나 입시 스트레스가 본격적으로 시작되는 중·고등학교 시기에도 공부를 부담스럽게 여기거나 회피하지 않고, 불편한 감정을 스스로 조절하며 잘 극복해나갈 수 있다.

8장

공부 상처로
아이가 아플 때

공부를 놓아버린
아이들

학업 스트레스가 세계 최고 수준인 우리나라에서 학생들이 때때로 우울해하거나 불안해하고 스트레스를 느끼는 것은 성장 과정에서 흔히 나타나는 자연스러운 반응이다. 그러나 이러한 감정 상태가 거의 매일 지속되며 몇 주 이상 이어져서 학교생활에 지장이 생길 정도라면, 이는 단순한 사춘기의 기분 변화가 아닌 정서적 어려움의 신호일 수 있다. 부모와 아이가 함께 해결책을 찾기 어렵거나 시간이 지날수록 증상이 점점 심해질 경우에는 전문적인 상담이나 치료가 필요하다. 이 장에서는 특히 학업에 큰 영향을 줄 수 있는 주요 정신 건강 문제 몇 가지를 중심으로 살펴보고자 한다.

우울이나 불안 등의 정서 문제가 있으면 집중력과 학습 동기, 인지 속도가 떨어져서 학습에 부정적인 영향을 미친다. 또한 또래 관계에서도 위축되고 교사나 부모와의 관계에서도 문제가 발생한다.

소아청소년 우울증은 부모들을 더 헷갈리게 만든다. 이 시기에는 우울증이 반드시 우울한 기분으로 나타나지는 않는다. 심한 감정 기복, 짜증, 분노, 비행, 일탈 행동, 몸이 아픈 것 등으로도 발현될 수 있다. 그리고 특히 청소년기 우울증은 '기분 반응성'이라는 특징을 갖고 있어서, 재밌는 일이 있거나 친구들이 놀자고 하면 나가서 신나게 놀기도 하니 부모님 눈에는 도저히 우울한 아이로 보이지 않는다. 그래서 결국은 아이가 보내는 위험 신호를 뒤늦게 알아차리고 후회하는 부모들이 많다.

또 소아청소년 시기에는 불안 문제가 많이 나타난다. 모든 일에 대해 걱정이 많고 늘 긴장해 있는 아이, 또 사회불안장애가 있는 아이들은 수행평가 등 발표 상황이나 또래와의 소통에 긴장이 너무 심해 학교를 잘 가지 못하기도 한다. 정도를 넘어서는 과도한 불안으로 아이들이 학업에 집중을 못 하고 학교 적응에 어려움을 겪는 경우도 많기 때문에 부모는 아이가 견디기 힘든 정서적 문제가 있지는 않은지 세심하게 살펴봐야 한다. 자녀가 학교에 가기 싫다고 할 때 무조건 가라고 윽박지르거나 강제로 보내지 말고 자녀가 왜 그러는지 그 이유를 살펴봐야 한다. 아무리 설득해도 자녀의 태도에 호전이 없을 때에는 전문가의 상담을 받아보는 것이 좋다.

초등학교 고학년 시기까지는 아이들이 겪는 스트레스나 부모가 경험하는 양육 스트레스가 감당할 수 있는 수준이며, 아이들 역시 정서적으로 유연하여 변화와 성장을 위한 개입이 비교적 쉽다. 이 시기에는 자녀와의 대화를 통해 정서적 소통이 가능하고, 부모가 직접 개입하여 긍정적인 방향으로 이끌 수 있는 여지가 많다.

그런데 중학교부터는 아이들이 더 독립적이고 부모의 간섭을 달가워하지 않기 때문에 쉽지 않다. 중·고등학교 때부터 공부를 포기하는 아이들이 생기기 시작하는데, 학원에 가끔 빠지고 공부를 게을리하는 정도가 아니라, 아예 공부에 흥미를 잃어서 완전히 놓아 버리고, 부모에게도 심하게 반항하고, 심지어 학교도 안 가려고 하는 경우도 있다. 이런 경우 일반적인 부모님들은 사춘기의 철 없는 일탈이나 버릇을 잡아야 하는 문제로 보는 반면, 나는 의사이기 때문에 아이의 이런 문제 행동이 우선 병인지 아닌지 구분하려 한다. 심각한 우울증, 불안증, 조울증, 또는 정신병의 전구기 등이 호르몬 및 뇌 발달의 변화로 인해 시작되는 시점이 청소년기이므로, 혹시 정신적인 병 때문에 아이의 인지, 정서, 행동상에 문제가 생긴 것은 아닌지 먼저 감별할 필요가 있다. 또 이런 행동들이 사춘기라는 발달 단계나 좌절에 따른 자연스러운 반응인지, 정신질환으로 봐야 할 정도로 심각한 수준인지 잘 살펴보아야 한다.

먼저, 아이 연령대별로 흔히 나타나는 정신과 질환의 유무를 우선 살펴보아야 한다. 각 발달 시기에 가장 호발하는 질환으로는 청소년기에는 우울증, 각종 불안장애, 초등학교 연령에는 주의력결핍과잉행동장애(ADHD)가 있다.

한편 아이들의 기질에 따라 같은 질환이라도 다른 증상 및 행동을 보이므로 아이의 개별적 특성을 고려해야 한다. 같은 우울증 진단이라도 짜증이 많은 아이도 있고, 무기력한 아이도 있고, 불안이 심해져서 퇴행하여 지나치게 부모에게 의존적인 모습을 보이는 아이들도 있다. 일부 아이들은 좌절하거나 자기 뜻대로 안 될 때 화를 심하게 내고 남 탓을 많이 한다. 예민한 기질을 가진 아이는 지나치게 불안해하고 남의 눈치를 보고 자기 탓을 많이 한다. 물론 아이들이 짜증을 심하게 내거나 혹은 무기력하거나 자존감이 낮아졌다고 해서 모두 정신질환인 건 아니다. 사실 질환에서 정상까지의 범위는 연속선상에 있기 때문에, 어느 시점부터 질환이라고 선을 딱 그어 판단하기 어려운 경우도 많다.

다만 중등도 이상의 질환으로 판단되면 약물 치료와 상담 치료를 병행하고, 질환보다는 일시적인 환경 변화에 대한 반응, 부모-자녀 관계 문제, 청소년기 정체성 고민 등에 따른 일시적 정서불안, 혹은 상황을 바라보는 관점을 넓히거나 바꾸어서 개선될 문제로 판단되면 상담 치료를 권한다.

소아청소년들은 어른들보다는 미숙해서 스트레스에 약하고 대처능력도 제한된 경우도 많지만, 어른들보다 사고와 가치관이 유연하고, 뇌의 신경가소성이 뛰어나기 때문에 약물과 상담 치료를 통해 꾸준히 치료하면 잘 해결되는 경우도 많다.

요즘은 사교육이 횡행하고 엄마들이 자녀의 매니저처럼 학습 관리를 하는 시스템 아래서 아이들이 자라기 때문에 양육의 일반적인 패턴이 과거에 비해서는 훨씬 '과잉 통제', '과잉 기대' 양상을 보인다. 또 많은 부모들이 불안하고 강박적인 모습을 보인다. 하나뿐인 우리 아이를 키우는 데 실수하거나 실패하면 안 된다는 강박에 시달리는 것이다. 그리고 부모의 이런 불안과 강박이 양육 과정을 통해 아이들한테도 그대로 전달된다. 그래서 아이들도 마찬가지로 실패에 대한 불안이 커져서, 어떤 아이들은 자꾸 "엄마, 나 어떻게 해야 돼" 하고 어떻게 할지 계속 묻고, 어떤 아이들은 짜증을 내면서 공부를 거부하고 아예 안 하는 식으로 어른들에 대한 반항을 표현한다. 한편 수동 공격(passive-aggressive) 양상을 보이는 아이들도 늘어나고 있다. 이 아이들은 매사에 의욕이 없고 무기력해 보이고 겉으로는 어른들의 지시에 "예"라고 대답하지만, 할 일을 자꾸 미루고 안 하는 방식으로 어른들의 화를 돋운다. 아이들을 강하게 통제하는 부모님이 있고 지혜롭게 통제하는 부모님도 있다. 부모의 양육 방식에 따라서도 아이들이 보이는 양상이 매우 다르게 나타난다.

적당한 불안과
심각한 불안

우리 병원에 내원하는 아이들의 경우, 학군 지역이라 그런지 입시나 성적으로 인한 불안을 호소하는 경우가 특히 많다. 이런 아이들은 대체로 예민한 기질이 많고, 부모를 비롯한 타인의 인정을 받고 싶어 하는 경우가 많은데 다른 사람의 눈치를 보고, 자기 주장을 잘 못 하고, 자기 탓을 많이 한다. 불안한 아이들이 점점 늘어나고 있는 것 같아서 안타깝다.

교육학이나 정신의학에서 자주 인용되는, 불안 정도와 학습 능력을 나타내는 유명한 이론이 있다. 다음의 역 U자형 그래프에서 보듯이 불안이 너무 낮거나 너무 높은 경우는 학업 성취도가 낮고, 중간 정도의 적당한 불안을 가진 학생들의 학업 성취도가 가장 높다.

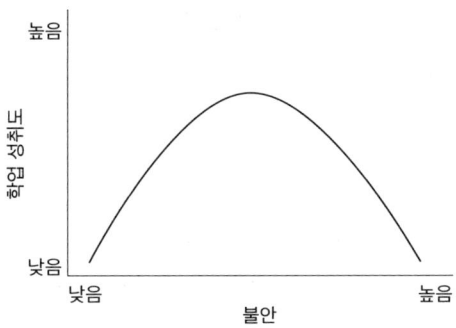

시험 기간에 평소보다 공부가 잘 되는 것도 적당한 정도의 불안이 학습을 이끌어주기 때문이다. 적당한 불안은 실제로 집중력을 높이고 인지 속도를 빠르게 하는 긍정적인 작용을 한다. 반면 심각한 불안을 느끼는 학생은 집중력이 떨어지고 인지 속도가 느려져 자신의 평소 실력을 시험 상황에서 잘 발휘하지 못한다.

우리나라 입시 시스템 자체가 아이들의 불안을 조장한다는 측면은 정말 안타까운 일이다. 진료를 하다 보면 국제학교 학생들이나 유학생들을 많이 만나곤 하는데, 이 아이들은 SAT 같은 중요한 시험이 1년에 여러 차례 있고 성적이 너무 안 나오면 스코어를 취소할 수도 있어서, 시험 불안이 우리나라 아이들보다 훨씬 낮다.

하지만 국가 교육 제도나 시스템은 하루아침에 바꾸기 어려운 문제이기 때문에 우리나라 부모님과 아이들은 정해진 제도 안에서 노력해야 하는 부분이 있다. 학벌을 중요시하는 우리 사회의 분위기를 고려하면, 부모님들이 왜 그렇게까지 공부에 집착하는지 이해가 된다. 그러나 모든 아이들이 공부를 잘할 수 있는 건 아니라는 현실을 받아들이고 아이 수준에 맞는 기대를 하는 것이 아이의 시험 불안을 줄이는 우선적인 방법이다. 부모의 지나친 기대도 아이들의 시험 불안을 높이는 중요한 요인이기 때문이다.

통상적으로 누구나 겪는 정도의 시험 불안을 완화하는 방법은 일반적 불안에 대한 치료나 스트레스 관리법과 별반 다르지 않다. 먼저 아이가 좋아하는 운동이나 긴장을 풀 수 있는 활동을 권한다. 아이들 특성이나 상황에 따라 스트레스 해소법이 다르므로, 운동을 싫어하는 아이들에게는 음악 듣기나 명상 등을 권한다. 종교가 있는 경우 명상과 유사한 차원에서 기도나 종교적 활동도 마음의 안정을 주는 좋은 방법이다.

아이들은 시험을 망치면 자기 인생도 망하는 게 아닌가 하는 식으로 불길한 상상을 하곤 한다. 그럴 때는 이렇게 이야기해주곤 한다. "자, 지금부터는 미래의 일을 생각하지 말고 일단 하루살이처럼 살아보자. 오늘 해야 하는 공부 계획만 세우고, 계획한 양의 70~80퍼센트만 채우면 너 자신을 스스로 칭찬해주는 거야. 이렇게 한 번에 하루씩 계획을 세우고 그걸 마무리하는 식으로 하다 보면 30일이 지나고 60일이 지나 있을 거야. 미래를 생각하는 건 일단은 지금은 스톱하고 '현재'에만 집중하자."

그리고 목표에 대한 개념을 바꿔본다. 등수나 점수가 아닌 '계획

달성 여부'를 목표로 삼는 것이다. '시험을 잘보겠다' 혹은 '명문대를 가겠다'라는 식으로 목표를 세우기보다는 '후회 없이 최선을 다하겠다'와 같은 것을 목표로 삼으면 결과에 대한 집착이 사라져서 아이들의 마음이 많이 편안해진다. 성적에 상관 없이, 공부 내용은 나의 상식을 키워주고, 공부 과정은 성실함과 인내를 키워준다는 식의 공부의 '내재 가치'를 강조하는 것도 힘든 수험 공부에 의미를 부여할 수 있는 효과적인 방법이다. 보통 수준의 시험 불안을 보이는 아이들에게는 이런 식으로만 설명해도 시험 불안이 상당히 호전된다. 하지만 어린 시절부터 지나치게 성적 지상주의 사고방식이 주입되어 있거나, 심한 수준의 우울, 불안 등의 정신 병리가 있는 경우에는 통상적인 접근으로는 해결이 안 된다. 우리나라 입시제도는 그 특성상 수험생들에게 엄청난 심적 부담을 주기 때문에 고3이나 N수생들 중에는 이와 같은 일반적인 방법으로 해결되지 않는 심각한 수준의 시험 불안을 겪는 학생이 많다. 다행히도 시험 불안을 완화하는 약물이나 심리 치료 기법들이 많이 개발되어 있고 치료 효과도 좋은 편이기 때문에 그런 경우 주저하지 말고 전문가와 상담하는 것이 좋다.

이미 불안이나 우울증, 공황장애로 치료를 받았거나 시험 트라우마가 생긴 아이들은 여러 가지 치료 방법을 써야 한다. 먼저 근육 이완이나 명상법을 통해 복식 호흡을 하게 하면서 신체 불안을 통제하는 법을 가르친다. 또한 시험 불안을 다루기 위한 인지행동 치료도 같이 시행되는데, 시험에 대한 인지 왜곡의 근원을 찾아 들어가다 보면 대개 어린 시절부터 공부를 못하면 인생이 실패한다는 식의 잘못된 믿음에 사로잡혀 있는 경우가 많다. 부모님이나 사회로부터 주입된 것이다. 그런 잘못된 믿음이 아이를 꼼짝 못 하게 붙잡고 있는 경우가 많아서 상담을 통해 이런 인지 왜곡을 교정해 나간다.

그리고 시험에 대한 요령이나 지식이 없어서 불안해하는 경우도 있다. 그런 경우는 학습법을 가르쳐야 한다. 아이들한테도 학교나 학원 선생님들한테 적극적으로 조언을 구하라고 한다. 시험 스킬 등을 자꾸 연습해서 잘 적용하게 되면 자신감이 생기고 불안이 줄어든다. 그런 통상적인 방법으로는 해결이 안 될 정도로 불안이 심한 아이들은 먼저 약물 치료로 불안을 줄여준다. 그리고 위의 방법들을 적용하면서 스스로 자신감을 조금씩 얻으면 약물을 줄여나간다. 그런데 고3이 되어서 오면 입시 전까지 이런 치료를 차근차근 할 시간적 여유가 없기 때문에 아이의 시험 불안이 심하다면 미리 발견해서 치료할 필요가 있다.

불안이든 우울이든 실패에 대한 두려움이 너무 큰 것이 원인이다. 우리 사회가 공부를 못하거나 대학에 못 가면 실패자가 된다는 메시지를 주고 있기 때문에 아이들이 좋은 성적을 못 받는 것에 대한 정서적 고통이 크다. 아이들의 재능이 다 다른 것처럼 공부에 대한 재능도 아이들마다 다르다. 부모가 이런 사실을 받아들이고, 어릴 적부터 아이에게 '꾸준한 공부를 통해 성실성이나 계획을 세워 실천하는 태도를 갖추게 된다면 좋은 성적을 받지 못해도 괜찮다'라고 위로하는 말을 자주 해주는 것이 아이들의 좌절감과 수치심을 줄이고 공부 감정을 다치지 않게 하는 데 큰 도움이 된다.

학생들의 시험 불안

우리나라 학교나 학원은 등수나 백분위에 기반한 상대평가를 시행한다. 공부 잘하는 소수를 제외한 대부분의 학생들에게서 실패감이나 좌절감을 일으키고, 학습 동기를 떨어뜨리는 평가 방식이다. 예를 들면 고등학교 내신의 경우 경쟁이 치열한 상황에서는 한 문제 차이로 내신 등급이 떨어진다. 사실 점수 자체로는 정말 잘한 건데도 아이들은 상대평가 방식 때문에 열패감을 느낀다. 이렇듯 좌절감과 시험 불안을 조장하는 환경이기 때문에 부모님들도 학생들도 현실이 이런데 어떡하냐고 말한다. 물론 이런 극단적인 상황에 학생들을 계속 방치하고 있는 어른들의 책임이 크기에, 이런 환경에서 학업 스트레스를 겪을 수밖에 없는 학생들의 마음을 공감하고 위로해야 한다. 하지만 부모님들이 현실만 탓하고 있기에는 우리 학생들이 겪는 공부 상처가 너무 크므로 뭐라도 가정에서 할 수 있는 대책을 세워야 한다.

먼저, 어릴 때부터 아이에게 학습에 대한 긍정적 피드백을 주고 '실패해도 괜찮다, 틀리는 건 모르는 것에 대해 알 수 있는 기회이기 때문에 틀리는 것도 가치가 있다', 이렇게 자꾸 얘기해줘야 아이가 학습을 부담스럽거나 피해야 할 것으로 여기지 않고 마음 편하게 해나갈 수 있다. 이런 경험이 쌓여야 고등학교에 가서도 심각한 시험 불안에 빠지지 않게 된다.

시기적으로 보면, 고등학교 1학년 때 시험 불안을 호소하는 아이들이 특히 많다. 오히려 2학년쯤 되면 내신을 포기하는 아이들이 생기면서 시험 불안이 일시적으로 내려가는 경향이 있다. 2학년 때는 아직 수시 전형을 포기할 수 없는 상위권 학생들이 오히려 시험 불안을 많이 겪는다. 내신을 내려놓은 아이들은 수능은 아직 먼 미래의 일이라고 생각하기 때문에 당장은 불안이 줄어든다. 반면 고3이나 N수생 학생들은 수능이나 모의고사에 대한 불안이 크다.

재수생인 가연이의 경우를 보자. 9월 모의고사를 보는데 1교시 언어영역이 어려웠다고 한다. 당황해서 긴 지문을 다 읽지 못해 몇 문제를 읽지도 못하고 답을 찍어버렸다. 1교시의 실수를 빨리 잊고 정신을 차려 2교시 시험에 집중해야 하는데, 눈물이 나고 머릿속이 하얘져서 수학 문제들조차 제대로 풀지 못했다. 지난번 수능을 망친 게 트라우마처럼 남은 데다 이번 모의고사까지 긴장해서 제대로 못 봤다고 생각하니 시험 불안이 너무 심해져서 불면증이 생길 정도였다. 수능이 두 달 정도밖에 안 남은 데다 '어차피 공부해봐야 이렇게 긴장해서 문제를 못 풀면 수능을 또 못 볼 텐데 계속 노력하는 게 의미가 있을까' 하는 절망적인 생각마저 들었다. 수능은 다가오는데 시험 불안과 미래에 대한 부정적인 생각에서 비롯되는 우울감을 학생 스스로 조절하기 힘든 상태여서 이 학생에게는 일단 불안을 줄이는 약을 처방했다.

수험생들이 시험 불안을 호소하는 주된 형태로는 대개 '실수를 많이 한다'라는 것이다. 시험이 끝나고 나서 보면 충분히 풀 수 있는 문제였는데 그 당시에는 생각이 잘 안 난다는 것이다. 생각이 안 나서 풀이가 막히기 시작하면 그때부터 불안이 급상승한다.

수능을 볼 때는, 보통 1교시 국어와 2교시 수학 시간에 그런 불안 현상이 가장 많이 나타난다. 1~2교시에 불안이 나타나더라도 생리학적으로는 계속 불안이 지속될 수는 없기 때문에 서서히 가라앉아서 3~4교시에는 잘 안 나타나는 경우가 많다. 시험과 같은 평가 상황에서 불안한 건 누구에게나 당연한 일이기 때문에 실력을 100퍼센트 발휘하려면 평소에 120퍼센트를 발휘할 수 있도록 반복 훈련을 하는 게 도움이 된다. 불안은 시험의 일부이다. 평소에 두 문제를 틀리는 실력이라면 시험 때에는 네 문제를 틀린다고 생각하고 대응하게 하는 것이다.

우리 병원에서 운영하는 '마음 근력(그릿) 향상 프로그램'에서는 시험 불안 극복 프로그램을 따로 진행하고 있다. 불안을 느끼면 자율신경계가 과항진되어서 가슴이 두근거리고 몸이 떨리는 등의 신체 반응이 일어난다. 그릿 향상 프로그램에서는 명상 훈련, 근육 이완 훈련을 통해서 신체 불안을 줄이는 연습을 한다. 2개월 이상 하루에 10분 이상 꾸준히 훈련하면 신체 불안이 많이 줄어든다.

그다음에는 왜곡된 생각을 교정할 필요가 있다. '수능 망하면 인생 망한다'라는 식의 극단적인 생각으로 치닫지 않도록 인지행동 치료 기법을 써서, 이런 전제에 반론을 제시하게 한다. 부모님들께 권유하는 유용한 방법이 하나 있는데, 부모님의 고등학교 때 졸업 앨범을 같이 보게 하는 것이다. 앨범을 보면, 부모님과 함께 졸업한 동기들 중에 공부를 못했어도 지금 성공한 친구들이 많다. 또 공부를 잘했어도 힘들게 살고 있는 친구도 있다. 아이들이 공부 못하면 인생 망한다고 생각하게 된 데에는 부모님이 그렇게 세뇌시킨 것도 이유 중 하나이기 때문에 부모님의 고등학교 졸업 앨범을 보면서 친구들의 상황을 살펴보다 보면 부모님의 잘못된 생각도 교정되는 효과가 있다. 공부를 잘한다고 해서 꼭 성공하는 것도 아니고 공부를 못한다고 해서 다 실패한 것도 아니라는 것을 알게 되는 것이다.

한편 많은 아이들이 시험 때만 되면 두통, 심장 두근거림, 설사나 변비가 생기고 복통을 호소한다. 심한 경우는 위경련이 일어나거나 과민성 대장증후군을 겪는 아이들도 있다. 그래서 신체 증상에 대한 내과 진료를 받다가 정신건강의학과로 오는 경우가 종종 있다. 결국 스트레스, 불안 때문에 각종 신체 증상이 생겨 내과적 치료로도 호전이 없으니 돌고 돌아 정신과로 오게 되는 것이다. 실제로 신체 증상 치료를 위해 처방되는 약 중에 정신과 약물과 비슷한 기전을 가진 약도 많다.

정신신체의학 분야는 스트레스가 신체 증상으로 나타나는 다양한 경우를 다룬다. 마음이 불안하거나 우울하면 실제로 통증을 더 쉽게 느끼게 되고 기존의 신체 증상이 악화되는 경우도 많기 때문이다. 정신과 신체는 밀접하게 연관되어 있어 이제는 두 가지를 연결 지어 생각하는 것이 현대 의학의 추세이다.

죽을 것 같은
공황장애

요즘 우리 병원에서 공황장애 증상을 호소하는 학생들을 자주 만난다. 공황장애는 특별한 신체적 이상이 없음에도 불구하고 갑작스럽고 강렬한 불안 발작이 반복적으로 나타나는 정신 건강 질환이다. 공황 발작은 심장이 빨리 뛰고 숨이 가쁘며, 어지러움이나 흉통, 죽을 것 같은 극심한 공포를 동반하는 경우가 많다. 많은 환자들이 이러한 증상이 실제로 생명을 위협한다고 믿으며, 다시 발작이 올까 두려워 공황 증상이 나타났던 특정 장소나 상황을 피하게 되는 경우도 많다. 요즘에는 학교에서 공황장애가 일어난다고 호소하는 학생들이 늘고 있다.

공황장애 치료의 핵심은 공황 증상이 실제로 위험하지 않으며 시간이 지나면 저절로 가라앉는다는 사실을 몸으로 체험하게 하는 것이다. 가장 심한 공황 발작도 대개 10~15분 이내에 자연스럽게 진정되며, 이를 직접 경험하는 과정이 치료에서 중요하다. 인지행동치료에서는 의도적으로 공황과 유사한 증상을 유발하는 노출 기법을 사용한다. 예를 들어 의자에 앉힌 채 의자를 빠르게 돌리거나 일부러 숨을 가쁘게 쉬게 해 어지럼증, 심계항진, 호흡 곤란 등을 유도한다. 환자는 순간적으로 극심한 불안을 느끼지만, 반복적인 경험을 통해 공황이 반드시 가라앉고 위험하지 않다는 사실을 신체적, 심리적으로 받아들이게 된다.

공황장애가 악화되는 핵심은 "공황이 오면 죽을지도 모른다"는 자동적 사고와 그로 인한 예기불안이며, 이는 증상을 더욱 악화시킨다. 반대로 "공황으로 죽지 않는다"는 사실을 인식하고 체험으로 확인하면 두려움의 고리가 끊기고 증상의 강도도 약해진다. 결국 심장이 두근거려도 "곧 진정될 것"이라고 해석하게 되며, 공황을 위협이 아닌 신체 현상으로 인지하는 것이 치료의 핵심이 된다.

정신과 치료에서는 종종 증상의 완전한 소멸을 목표로 하기보다는, 증상이 있더라도 그것을 다스려가면서 함께 살아가는 방식으로 접근한다. 공황장애 치료 역시 마찬가지이다. 증상이 완전히 사라지지 않을 수도 있지만, 그 증상을 어떻게 바라보고 해석하느냐가 치료를 받으면서 크게 달라질 수 있다. 결국 환자는 공황에 대한 두려움이 줄어들면서 일상생활을 영위할 수 있는 힘을 얻게 된다.

학업 스트레스로 인해서 불안, 공황, 신체 증상 등이 생겼을 때도 위와 같은 치료 원칙을 적용한다. 시험 불안을 심하게 느끼는 아이들은 부모님도 불안이 높고, 대개 기질적으로도 예민하고 불안이 높은 경우가 많다. 고등학생 때에는 신체 발달이 거의 성인 수준이기 때문에 약물 치료를 병행하는 데에도 어릴 때보다 부담이 훨씬 덜해진다. 불안에 취약한 예민한 기질의 아이들도 대학에 들어가면 스트레스 요인이 줄어들기 때문에 증상이 호전되는 경우도 많고, 고등학교 때에는 꼭 약을 복용해야만 일상을 견딜 수 있었던 아이들이 약을 줄이거나 아예 끊는 경우도 흔하다. 이는 우리나라에서 학생들이 느끼는 시험 스트레스가 얼마나 큰지를 보여주는 예이다.

아무 희망도 없이,
우울한 아이

　우울증은 '마음의 감기'와 같다. 마음이 감기에 걸린 상태라면 충분한 휴식을 취해야 나을 수 있다. 감기에 걸렸으니 걸리지 않은 다른 아이들과 똑같이 공부하고 학교생활을 하기는 어렵다. 컨디션이 좋지 않으니 속도가 느려질 수밖에 없다. 그래서 아이가 그런 상태라는 것을 받아들이게 하면서 "천천히 가도 괜찮아" 하고 다독거려서 회복할 시간을 줘야 한다. 이런 접근이 던지는 메시지는 '쉬어도 돼'라는 것이다.
　그런데 말이 쉽지, 쉬면 저절로 회복될 정도의 경한 우울증 증상이면 학생과 부모님은 아마 병원에 오지도 않았을 것이다. 우울증의 주요 증상은 자존감이 낮아지고 죄책감이 심해지는 것이다. 우

> **자녀가 전문적인 도움이 필요할 때 나타나는 행동들**●
> - 2주 이상 거의 종일 슬퍼하거나 심하게 짜증과 화를 내는 경우
> - 부모가 평소에 쓰던 통상적인 방법으로 달래거나 위로하는 것이 어려울 경우
> - 학교 공부나 취미, 또래 관계에 평소보다 관심이 현저하게 떨어진 경우
> - 눈에 띄게 행동에 변화가 있거나 평소와 다르게 행동하는 경우
> - 몸무게 증가/감소 혹은 식욕에 변화가 있는 경우
> - 에너지 저하나 피로로 인해 고통을 받는 경우
> - 수면에 지속적인 어려움이 있는 경우
> - 자해나 자살사고에 대해 이야기하는 경우
> - 심한 불안, 긴장, 초조한 모습을 보이는 경우
>
> ● 김은주 외 7인, 『공부하는 뇌, 성장하는 마음』, 글항아리, 2023, 220~221쪽

울할 때는 시험 기간에 누워 있으면서 아무것도 못하는 자신에 대한 한심한 생각과 죄책감이 엄청나게 커진다. 이런 생각이 심해지면 '나처럼 쓸모없는 건 죽어야 돼'라는 자살사고에까지 이르기도 한다.

우울증이 심한 아이들은 전문적인 치료를 받아야 한다. 역설적으로 병원에 와서 우울증이라는 진단을 받으면 죄책감이 감소되기도 한다. '내가 한심하고 못나서가 아니라 우울증에 걸려서 이런 거구나' 하고 원인을 알게 되면 자기 비난이 줄고 오히려 위로를 받는 것이다.

정신과에서는 우울증 진단 기준 9개 중에서 6개 이상에 해당되어야 우울증으로 진단한다. 특히 학업, 대인 관계 등 일상생활 기능 저하가 나타나야 질환으로 판단한다. 감정 뇌가 활발하게 자라는 시기의 중·고등학생들은 하루에도 열두 번씩 감정이 변한다. 그래서 우울할 수도 있고 불안할 수도 있고 짜증이 날 수도 있다. 이런 감정 기복은 중·고등학생들에게는 일상이다. 그러나 그 감정 기복이 너무 심하거나 우울한 상태가 몇 주 이상 지속되어 일상생활에 지장이 생길 정도라면 부모님은 사춘기라 그러려니 하고 넘기지 말고 심각성을 인지하고 전문 진료를 받게 할 필요가 있다.

진단 기준 중 하나인 '기능 저하'는 그 판단 기준이 사람마다 다르다. 아이가 학교에 전혀 가지 못할 정도여야 기능 저하로 보는 부모가 있는가 하면, 성적이 조금 떨어지거나 아이가 힘들어하는 모습만 보여도 기능 저하로 여기는 부모도 있다. 어떤 경우에는 아이가 반년 넘게 학교에 가지 못하는 심각한 상태가 되어서야 병원을 찾는 일도 있다. 아이가 공부를 포기하거나, 학교에 가기를 거부하거나, 친구들을 만나지 않고 집에만 틀어박혀 있는 정도라면 전문가와 상의하며 아이를 어떻게 도울 수 있을지 함께 고민해야 한다.

우울증인 아이들이 치료를 받고 조금 나아지면 "선생님이 아이한테 우울증이라고 해서 우울증을 핑계로 숨는다"라고 말씀하는 부모님도 종종 있다. 아이가 우울증에서만 회복되면 다시 예전처럼 공부를 하겠지, 하고 생각했는데 바로 그렇게 되지는 않으니 말이다. 우울증에서 회복되는 데에는 몇 주에서 몇 달이 걸린다. 처음에는 아이가 죽고 싶다는 말만 안 해도 만족한다고 하던 부모가 아이가 조금씩 호전되어 학교생활을 다시 시작하고 학원도 가고 하면 대번에 100퍼센트 이전의 모습으로 되돌아오기를 원한다. 부모나 아이나 우울증 치료를 받느라 쉬는 동안에도 다른 아이들은 열심히 해서 앞서가고 있다는 것을 계속 신경 쓴다. 단기간에 다른 아이들을 따라잡기도 힘들다. 몸이 아파서 치료를 받을 때에는 회복기간이 필요함을 당연시하면서도, 정신질환은 아픈 것이 눈으로 보이는 것이 아니기 때문에 회복에 당연히 시간이 걸리는 것을 부모님들이 받아들이기 힘들어하면서 자꾸만 아이의 의지 부족을 탓하는 안타까운 경우를 너무 많이 보게 된다.

사람들이 우울해지거나 자존감이 낮아지는 다른 이유는 사실 '다른 사람과의 비교' 때문이다. '인스타그램 우울증'이라는 말이 있다. '인스타그램을 보면 다른 친구들은 다 멋지게 사는 것 같은데 내 일상은 왜 이렇게 지루하고 초라할까' 하면서 상향 비교에 의한 우울증을 겪는 사람들이 늘어나면서 나타난 현상이다.

인스타그램에는 누구나 대부분 평범한 일상이 아닌 특별하고 즐거운 순간을 올린다. 남의 인스타그램을 보면 다른 사람들은 화려하고 행복하게 잘 사는 것 같은데 나만 뒤처지고 못 따라가는 것 같다는 생각에 빠져든다. 'Fear Of Missing Out(소외되는 것에 대한 두려움)', 일명 '포모 증후군'이라고 불리는 이 현상은 사람들이 자기만 소외되는 것처럼 느끼는 데서 생기는 불안감과 우울감을 일컫는다. 예전에는 비교 대상이 주변에 있는 친구들뿐이었는데, 지금은 SNS를 통해 거의 제약 없이 전 세계 누구나를 비교 대상으로 삼게 되었다. 처음에는 재미있으니까 아이들도 소셜미디어에 끌려 들어가는데 오래 보다 보면 점점 마음이 조급해지고 우울해진다. 거기다 '좋아요'를 받는 것에까지 신경을 쓰기 시작하면 마치 중독이라도 되는 듯이 일종의 과부하에 걸리게 된다. 요한 하리의 『도둑맞은 집중력』이라는 책에서 저자는 정보 과잉 때문에 집중력이 점점 짧아지고 불안과 우울 문제도 많이 생긴다고 말한다. 이런 문제들은 이제 몇몇 개인 차원의 문제가 아니라 널리 퍼진 사회적 현상이 되었다.

    부모님 세대인 40~50대에 비해 지금 10~20대는 정신과 상담을 대하는 태도가 크게 달라졌다. 요즘 청소년과 젊은이들은 정신 건강 문제에 대해서도 필요하면 전문가의 도움을 받을 수 있다고 생각하고, 학교에서도 정신 건강에 관한 교육이 많아졌다. 유튜브에서도 정신 건강 콘텐츠를 다양하게 접할 수 있으며, ChatGPT 같은 생성형 인공지능 플랫폼을 통해서 정신 건강 문제를 상담하는 것도 유행이다. 아이들은 상담을 받고 싶어 하는데 오히려 부모들이 아이가 정신과 진료를 받는 것을 조심스러워한다. 과거에는 정신과 질환에 대해 스티그마(stigma, 낙인)가 있었는데, 지금은 몸이 아플 수 있는 것처럼 뇌도 우리 몸의 한 기관으로 아플 수 있다는 인식이 확대되었다. 코로나19 이후로 전 세계적으로 정신 건강 문제, 특히 우울, 불안, 집중력 저하, 디지털 미디어 과사용 문제가 폭증하면서 정신과 의원이 크게 늘었는데, 정신건강의학과를 가장 많이 찾는 층이 20~30대이다. 이와 같이 마음 건강 문제도 약을 먹거나 상담을 받아서 치료한다는 것에 젊은 층의 거부감이 거의 없고 국가에서 지원하는 정신 건강 서비스도 크게 늘어났으니, 부모는 이제 편견을 버리고 아이의 진료 요청이 있거나 정서나 행동상의 문제가 의심된다면 주저하지 말고 전문가를 찾아 적절한 조치를 취하기를 권한다.

내 아이는 '조용한 ADHD'일까?

주의력결핍과잉행동장애(ADHD)는 선천적, 유전적 혹은 기타의 심리적 원인으로 집중력과 관련된 뇌의 회로가 또래보다 2~3년 늦게 발달하는 신경발달장애를 말한다. 대개 유전 요인이 70~80퍼센트인 것으로 알려져 있다. ADHD의 유형은 혼합형, 과잉 행동형, 부주의형, 이렇게 세 가지이다.

ADHD인 아이들은 어릴 때부터 산만한데, 요즘 많이 이야기되는 '조용한 ADHD'는 겉으로는 오히려 더 조용하고 위축되어 있는 듯 보이지만 집중을 잘하지 못하는 유형으로, 정식 진단은 '부주의형 ADHD'이다. 행동이 부산스럽지는 않은데 조용히 멍을 때리고 인지 속도가 느려지는 증상을 보인다.

최근 부모들이 아이 성적이 떨어지면 '우리 아이도 ADHD 아니냐'고 하면서 검사를 받으러 중·고등학생들을 데리고 오는 경우가 늘고 있다. 나는 아이가 어릴 때는 어땠는지 부모님께 먼저 여쭤본다. 그러면 대부분 어릴 때는 조용하고 집중을 잘했다고 한다. 초등학교 때는 시험을 보지 않고 공부가 어렵지 않기 때문에 지능이 높은 아이들 중에는 약간 산만하긴 해도 ADHD를 발견하지 못하는 경우가 종종 있다. 그런데 중·고등학생이 되어서 공부량과 난도가 높아지면서 성적이 떨어지면 혹시 우리 아이가 조용한 ADHD인데 모르고 넘어간 것은 아닌지를 부모님들께서 의심하게 되는 것이다. 요즘은 유튜브나 인터넷 기사를 보고 학생 스스로가 집중력 검사를 받겠다며 찾아오는 경우도 점점 늘고 있다.

유치원이나 초등학교 시절까지 집중력에 이상이 전혀 없었고 선생님께 지적 한번 안 받은 아이라면 ADHD일 확률은 극히 떨어진다. 이런 아이들 중에도 간혹 ADHD인데 모르고 지나친 아이들도 있긴 하지만, 과도한 학습으로 인한 수면 부족 때문에 집중력이 저하되는 경우도 있고, 청소년기에 우울과 불안을 겪으면서 이차적으로 집중력이 떨어지는 아이들도 상당히 많다. 마음이 우울하고 불안할 때는 집중이 잘될 리가 없기 때문이다. 때로는 집중력이 정상적인 수준인데 부모님이나 학생이 이상이 있다고 생각하는 경우도 있다.

ADHD인 아이들은 집이나 학교에서 특유의 행동이 나타난다.

담임 선생님이 "멍하니 있거나 딴생각을 하고, 정리가 안 되며, 자주 깜빡하고 지시를 따르지 못한다"라고 말할 때, 이는 '조용한 ADHD'일 수 있다. 그러나 지능이 높은 일부 아이들은 다소 행동에 문제가 있어도 공부를 잘하니 ADHD일 리가 없다고 방치되는 경우가 있다. 또 부모가 아이가 정신과 치료를 받는 것을 꺼려 그냥 두는 경우도 있다. 어떤 부모는 아이가 단지 자유로운 성향인데 학교 시스템이 받아주지 못한다고 여기며, 선생님이 편견을 갖고 있다고 교사 탓을 하기도 한다.

예전에는 10명이 ADHD로 진단받으면 그중에 11퍼센트 정도만 실제로 치료를 받았는데, 요즘에는 이 질환에 대해 많이 알려지면서 진단과 치료를 받는 학생들의 비율이 높아졌다. 불과 얼마 전까지만 해도 선생님들이 아이에게 정신과 치료가 필요하다는 이야기를 학부모에게 마음 편히 전달하지 못했는데, 요즘은 학기 초에 시행하는 정서 행동 특성 검사 결과가 나오거나 상담 선생님이 따로 이야기하는 경우도 있어서 예전보다 ADHD를 발견하고 치료받는 경우가 늘었다. 정말 다행스러운 일이다.

자해를 하거나 학교에 적응을 못해서 내원했는데 우연히 ADHD나 불안, 우울 문제를 발견하는 경우도 있다. 학교 선생님이 부모님께 아이가 집중을 못하는 것 같다거나 수업 시간에 자주 졸고 잠이 든다는 이야기를 해줘서 어린 나이에 발견되는 경우도 있다. ADHD인 아이들은 집중을 잘하지 못하기 때문에 학교에서든 학원에서든 본인의 실제 잠재력에 비해서는 성적이 잘 안 나오고, 과잉 행동이 있는 아이들은 수업 시간에 산만한 행동을 하거나 심하면 교실을 돌아다니기도 한다. 충동성이 강한 아이들은 수업 시간에 계속 손 들고 수업 내용과 상관없는 질문을 하거나 친구들하고 놀 때도 자기 차례를 기다리지 못해서 친구들이 불평하거나 선생님한테 꾸중을 듣게 된다. 집에서도 숙제를 잘 안 하고, 동생을 건드려서 싸움을 일으킨다. 그렇게 지적받고 혼나는 일이 계속 발생한다.

ADHD는 마치 성격 같아 보이는 병이라는 것이 문제다. 아이가 감기에 걸렸는데 기침을 하고 콧물을 흘린다고 혼을 내는 부모는 없다. 그런데 부주의나 충동성은 ADHD의 증상임에도, 엄마는 "너는 왜 이렇게 참을성이 없냐", "왜 이렇게 집중을 못하고 산만하냐" 하면서 혼을 낸다. 아이의 성격이 아니라 증상이라는 생각을 못 하고 애꿎은 아이만 혼내는 것이다.

ADHD 약물은 그 효과가 매우 좋아서 전체 ADHD 아이들 중 70~80퍼센트는 약을 먹으면 증상이 절반 이상 개선된다. 아이가 약을 먹고 집중력이나 행동 문제가 개선되면 어머님들이 그동안 아이한테 화낸 것을 미안해하는 경우도 많다.

ADHD 치료제가 인지 능력을 향상시킨다는 소문을 듣고 약을 처방받으러 오는 분들도 종종 있다. 하지만 집중력 치료제는 ADHD를 진단받은 아이가 먹으면 뇌 기능을 정상화시키지만, ADHD가 아닌 아이가 먹었을 때는 오히려 불안이 높아지거나 흥분 반응을 일으킬 수 있다. 치료가 아닌 인지 기능의 향상 목적으로 ADHD 약을 복용해서는 결코 안 되며, 제대로 ADHD 진단을 받았을 때만 약을 복용해야 한다.

ADHD 약은 부작용이 있는 약이어서 신중하게 복용해야 한다. 복용자들 중 20~30퍼센트가 식욕이 떨어지는 부작용을 겪는다. 아주 심한 경우에는 배가 아프거나 메스껍다고 느낀다. 또 잠이 덜 오거나 예민해지는 경우도 종종 있다. 중·고등학생이 집중이 잘 안 된다고 할 때에는 대부분 불안이나 우울 문제가 훨씬 많다. 그런 아이들은 불안이나 우울을 치료해야 한다. ADHD 약은 흥분제 역할을 해서 오히려 불안이 심해질 수도 있다. ADHD가 아닌 청소년들이 집중력 치료제를 먹고 인지 능력이나 집중력의 호전을 느끼는 것은 각성으로 인해 수면 부족 증상과 우울감이 나아진 것 같은 착시 효과일 가능성이 높은 것이다.

최근 들어 ADHD에 대한 부모님의 인식이 높아지면서 예전처럼 ADHD인데 모르고 방치되는 아이들은 많이 줄었다. 오히려 이제는 집중력이 조금 부족하다 싶으면 일단 ADHD가 아닌지 의심하는 경향이 있어서 ADHD 진단에 있어 세심한 주의가 필요한 시점이다.

완벽주의적 성향,
강박증을 가진 아이들

성적이 상위권인 아이들 중에 완벽주의나 강박 성향을 가진 아이들이 많다. 물론 타고난 강박 성향도 있을 것이고, 부모님이 완벽주의적이어서 그렇게 양육을 했을 수도 있다.

그런데 이런 아이들 중 일부는 중·고등학생 시기에 완벽주의 때문에 정신적 스트레스로 몹시 힘들어한다. 부모님조차도 "그렇게 공부 잘하지 않아도 돼. 실수해도 괜찮아"라고 얘기를 해도, 이미 지나치게 높은 기준이 자신에게 내면화되어 있어서 스스로를 지나치게 압박한다. 1등을 못 하거나 시험 문제를 몇 개 틀리기라도 하면 심하게 자책한다. 이런 아이들은 남들이 부러워할 만한 성취를 해도 만족하지 못한다. 항상 부족한 느낌에 시달리고 죄책감이 크다. 완벽주의 아이들이 깨달아야 하는 메시지는 간단하다. "실수해도 괜찮아. 거기서 배우는 게 있어." 그런데 이 아이들도 이성적으로는 이 점을 납득하고 받아들이지만, 실제로는 완벽해야 한다는 생각에서 잘 벗어나지 못한다.

이 아이들은 원하는 대학에 갈지라도 심리 치료를 꼭 받는 게 좋다. 왜 그렇게 완벽주의에 시달리는지, 자신의 내면에 이런 성향이 만들어진 이유를 차근차근 되짚어보고 스스로 성찰을 해야만 거기서 벗어날 수 있다. 이런 과정을 통해 부족한 자신의 모습이라도 스스로 받아들이게 되어야 '실패해도 괜찮아, 실수해도 괜찮아'가 정말로 자기 마음에 와닿게 된다. 그리고 그렇게 되어야만 인생이 자유로워지고 행복해진다. 부족하더라도 일단 현재에서 만족감을 느끼는 능력을 회복하려면 대학생 시기에, 비교적 심리적·시간적 여유가 있을 때 마음을 들여다봐서 자신을 옥죄는 이 완벽주의의 감옥에서 벗어나야 한다.

강박증이 있는 아이들은 자신이 원하지 않는 생각이 반복적으로 떠오르고, 그 불편한 생각을 없애기 위해 특정한 행동을 반복하는 특징을 보인다. 문제는 이 생각과 행동을 억제하려 할수록 오히려 더 강하게 떠오른다는 점이다. 치료에서는 이러한 강박 사고나 행동이 불편하더라도, 일상생활에서 해야 할 일을 계속하도록 격려한다. 이 과정은 매우 힘들기 때문에 약물 치료를 통해 불안을 완화시키는 것이 필요하다. 강박증은 일반적인 우울이나 불안보다는 생물

학적인 요인이 더 크게 작용하며, 치료에 시간이 오래 걸리고, 더 높은 용량의 약물을 써야 하는 경우가 대부분이다.

강박증 환자들은 증상이 완전히 사라지기를 원하지만, 치료의 목표는 강박을 100퍼센트 없애는 것이 아니라 일상생활이 가능할 정도로 증상을 줄이고 조절하는 것이다. 실제로 누구에게나 잡념은 있을 수 있으며, 이로 인한 어느 정도의 불편함은 감내하며 살아가는 것이 일반적이다. 예를 들어, 허리에 통증이 있더라도 대부분의 사람들은 약간의 불편함을 참고 일을 이어간다. 그러나 완벽주의나 강박증이 있는 사람들은 '조금의 불편함도 없어야 공부나 일을 할 수 있다'고 믿으며, 이러한 상태를 받아들이지 못하는 경향이 있다.

병원에서는 강박증 치료를 위해 약물 치료와 함께 인지행동 치료, 특히 노출 및 반응 억제(ERP: Exposure and Response Prevention) 기법을 병행한다. 조기에 발견하고 개입한다면 강박증은 충분히 조절 가능하며, 치료 효과도 긍정적일 수 있다.

아이가 노력에
배신당했을 때

부모님이나 학교 선생님, 학원 선생님의 압박 때문이 아니라 스스로 열심히 공부를 하는데, 열심히 해도 노력한 만큼 성적이 안 나와서 힘들어하는 아이들이 있다. 그런 아이들은 충분히 잘하고 있다고, 괜찮다고 말해줘도 이미 자존감이 많이 떨어져 있는 상태다.

뛰어난 운동선수들을 보면 탁월한 재능을 타고난 사람도 있고, 노력형 선수도 있다. 사실 공부도 스포츠처럼 재능의 영역과 노력의 영역이 있다. 머리가 좋은 데다 노력까지 하는 아이도 있지만, 머리만 믿고 있다가 노력을 안 해서 성적이 떨어지는 아이들도 있고, 재능이 부족해도 꾸준히 노력하는 아이들도 있다.

청소년기의 아이들은 노력에 대한 보상에 굉장히 민감하다. 그럴

듯한 성취도 하고 싶고 잘해서 남들한테 인정도 받고 싶어 한다. 그런데 노력하는데도 눈에 보이는 성과로 이어지지 않으면 어른들보다 더 크게 좌절하기 쉽다.

하지만 결국 끈기 있게 노력하는 아이들은 시간이 좀 걸리더라도 나중에는 반드시 빛을 본다. 그래서 나는 열심히 하는데도 성적이 잘 안 나와서 의기소침한 학생들을 만나면 일단 노력을 인정해주고 자신의 가치를 낮춰 생각하지 않도록 따뜻하게 격려해준다. 노력도 아무나 할 수 있는 건 아니고, 좌절하지 않고 꾸준히 노력할 수 있는 것이야말로 가장 훌륭한 재능이기 때문이다. 사실 잘하고 싶은데 뜻대로 안 되어서 괴로워하는 아이들은 대단한 장점을 갖고 있다. 뭔가를 정말 열심히 해봐야만 그것이 안 되었을 때 마음이 괴롭다. 적당히 한 아이들은 괴롭다고 해도 그 괴로움의 깊이가 그렇게 깊지는 않다. 그런데 자기가 해도 안 된다는 것을 느낄 만큼 괴로워한다는 건 그 정도 노력까지 해봤다는 뜻이다. 그렇게 노력할 수 있다는 건 정말 큰 장점이다.

한편 노력형 아이들 중에 의외로 공부 방법이 잘못된 걸 모르고 밀어 붙이기만 하는 아이들이 있다. 그런 경우에는 요령 있게 공부할 수 있도록 옆에서 방향을 다시 잡아주고 효율적인 방법을 조언해주는 것이 중요하다. 이렇게 어른들이 코칭을 해주면서 학생의 학습 방법이나 태도를 고쳐나갈 필요성을 깨닫게 해주면 막혀 있던 공부가 잘 풀리곤 한다.

고등학생이었던 찬영이는 성적이 안 나와서 너무 스트레스를 받던 아이였다. 한번은 시험 기간에 장염에 걸려서 응급실에 실려 갔다. 그런데 이번 시험 망했다고 울면서도 공부해야 한다고 수액을 맞으면서도 응급실에서조차 책을 놓지 않았다. 그렇게 독하게 공부해서 점점 성적이 올랐고, 결국 삼수까지 해서 원하는 학교에 들어갔다. 찬영이는 종종 자신의 능력에 대해 의심을 많이 했지만, 이런 자기 비하가 힘이 된 것 같다고 말할 만큼 마음이 단단해졌다.

이런 아이들은 자기 자신을 바라보는 시각을 전환할 필요가 있다. 노력도 재능이라는 면에서 자신이 대단한 것까지 해봤구나 하고 관점의 전환을 하게 하는 것이다. 나중에 정말로 잘하고 싶은 영역을 만났을 때 그런 노력을 쏟을 수도 있고, 혹은 당장은 아니더라도 쌓이고 쌓인 노력들이 언젠가는 성과로 나타날 것이다. 노력하는 아이는 인생을 사는 깊이가 다르다. 포기하지 않고 버틴다는 것만으로도 회복 탄력성이 대단히 높은 것이다.

수동 공격성을 띤
아이들

　수동 공격성을 가진 아이들은 마음 속에 있는 화나 불만을 직접 드러내지 못하고 이것을 '행동하지 않음'으로 간접적으로 표현한다. 차라리 말이라도 하면 아이가 지닌 불만과 문제를 부모가 알 수 있을 텐데, 이 아이들은 화가 나고 하기 싫어도 부모님 앞에서는 "아, 네. 할게요"라고 말하고는 할 일을 고의로 미루거나 안 한다. 왜 안 하냐고 다그치면 "깜빡했어요", "실수였어요", "아파서 할 수가 없어요"라고 이야기한다. 이 아이들은 사실 알고 보면 내면에 분노감, 무기력을 품고 있다. 부모의 사랑을 잃을까 봐, 혹은 통제적인 부모에게 직접적으로 표현할 수 없어서 억압된 공격성을 우회적으로 '실수', '망각', '소극적 저항' 등의 형태로 드러내는 것이다.

학습 면에서 수동 공격성을 지닌 아이들을 들여다보면, 상당수의 부모가 아이들에게 물어보지도 않고 어릴 때부터 일방적으로 공부를 강요하는 경우가 많다. 이 아이들도 처음에는 아마 그런 부모의 요구에 반발했을 것이다. 그런데 반발하고 표현해도 받아들여지지 않으니까 체념하게 된 것이다. 그리고 표현하진 않지만 시키는 대로는 하기 싫은 상태가 지속되면서 마음속에 쌓인 분노와 무기력감이 수동 공격성이라는 형태로 표출되는 것이다. 이런 성향은 보통 아이가 어릴 적부터 감정 표현이 자유롭지 못한 환경에서 자랐을 때 나타난다. 부모가 "화를 내면 나쁜 아이야"라고 하거나 아이의 감정을 잘 받아주지 않으면, 아이는 점점 화를 억누르게 되고, 결국 그 분노가 돌려서 나오는 방식으로 나타난다. 또한 수동 공격적인 아이들은 엄마나 선생님처럼 중요한 사람에게 사랑도 느끼지만 동시에 억울하고 속상한 마음도 함께 갖고 있는 경우가 많다. 이런 '좋아하면서도 밉고, 미우면서도 좋아하는' 복잡한 양가 감정을 제대로 나타내는 방법을 몰라서 말이나 행동으로 은근히 저항하는 식으로 표현하는 것이다.

이처럼 수동 공격성은 단순히 말 안 듣는 게 아니라, 아이가 감정을 직접 말하지 못한 채 억눌러온 마음이 표현된 것일 수 있다. 따라서 혼내기보다 왜 그렇게 행동했는지 마음을 먼저 물어보고 이해하려는 부모의 태도 변화가 필요하다. 일단은 부모님이 아이가 분노가 쌓인 상태라는 걸 알아채야 하고, 아이들이 마음을 표현할 때까지 관계를 많이 다져야 한다. 엄마한테 말해도 소용없다는 생각을 갖고 있는 아이한테 어느 날 갑자기 "너 속에 쌓인 거 엄마한테 다 말해봐"라고 한들 아이들은 절대 말하지 않는다. 그러니까 '엄마가 진짜 좀 달라졌는데' 하고 느낄 때까지 관계를 회복하고 신뢰를 다지는 시간이 장기적으로 필요하다.

그리고 아이의 의견을 물어봐야 한다. 수동 공격성을 가진 아이들은 무기력해서 뭔가 하려는 의지가 없고 주도성이 없다. 무기력한 아이들은 자존감이 낮아져 있어서 자신이 뭔가 해도 또 실패할 것이라고 생각한다. 그래서 작은 성공 경험을 천천히 쌓아가면서 자존감이 올라와야 스스로 선택하기 시작하고 뭔가 시도도 해보려고 한다. 수동 공격형 아이들은 긴 시간에 걸쳐 문제가 형성되었기 때문에 치료 과정도 장기적으로 생각해야 한다. 이 아이들한테는 세상이라는 공간이 좌절과 실패의 연속이다. 수동 공격형 아이들과 상담할 때는 분노를 표현하면 "어른들이 정말 너무해" 하고 아이 입장에서 공감하고 이해해줘야 한다. 이런 과정을 통해 분노가 조금씩 걷히고 나면 아이 안에 있는 낮은 자존감, 무기력, 절망감이 표현되기 시작한다. 이 아이들도 잘하고 싶고 인정받고 싶은 마음이 있다. 그런데 잘 안 되니까 세상과 어른들에게 분노하고 좌절하고 짜증이 나는 것이다. 이런 과정을 통해 분노를 걷어내는 데 몇 개월, 학습된 무기력과 좌절한 마음을 어루만져주는 데도 몇 개월 이상이 걸린다. "우리 그래도 아직은 10대이고 늦지 않았으니까 작은 거 하나라도 시작해보자" 해서 작은 성공 경험 단계로 들어가는 데도 몇 개월 걸린다. 전체적으로 거의 연 단위로 치료 시간이 걸리기도 한다. 수동 공격성은 과잉 기대, 과잉 통제적인 최근의 양육 방식에 따라 요즘 꽤 많은 아이들에게 나타나고 있는 것 같다. 아이들은 분노 때문에 어른들이 원하는 것과 반대 방향으로 행동하면서 소극적인 반항을 하면서도, 동시에 자기 탓을 하면서 점점 무기력, 절망, 자기 비하의 수렁에 빠진다.

  초등학교나 중학교 때 위와 같은 문제 행동으로 사인을 일찍 보내는 아이들은 그래도 다행인 경우이다. 고등학생이 되어서 10년 가까이 분노감과 무기력감이 쌓인 상태이면 이런 오래된 패턴이 습관화되어 마치 성격처럼 고착화되어 변화가 더 힘들고, 극복하는 데도 오래 걸린다.

의존적으로 자란 아이들

　요즘에는 어릴 적부터 부모가 거의 다 알아서 해줘서 혼자서는 아무것도 못 하고 지나치게 의존적으로 자란 아이들이 많이 보인다. 어려서부터 부모가 아이의 스케줄을 짜고 모든 시간을 관리하고, 학교나 학원 시험 범위까지 두루 꿰차고 있다. 이런 방식으로 자란 아이들은 청소년기가 되면 실질적인 문제 해결 능력도 낮고 대인 관계도 미숙한 편이다. 부모가 학교며 학원이며 공부 계획이며 다 알아서 정해주다 보면 아이도 자기 혼자서는 이런 일을 잘 처리하지 못한다는 것을 알기 때문에 자존감과 자신감이 떨어진다. 앞으로는 성인으로서 독립적으로 살아가야 하는데, 부모가 도와줄 수 없는 영역에서는 자기 스스로 해왔던 아이들보다는 경험 부족으로 수행 능력이 떨어질 수밖에 없다.

　초등, 중등 시기에 많은 아이들은 공부하는 의미도 잘 모르고 재미도 못 느끼는 상태에서 그저 해야 한다는 당위성만으로 공부를 한다. 그러다 보니 아이들은 사실 자기가 뭘 좋아하는지도 잘 모른다. 대학교에 들어가서 정말로 자기가 좋아하고 자신에게 의미 있는 것을 찾아서 전공하고 직업으로까지 연결되면 좋은데, 그런 것을 한 번도 생각해볼 기회가 없이 쫓기듯 주어진 입시 공부만 하다가 어느 순간 '이게 아닌 것 같다'라는 생각이 들면 아이들은 혼란에 빠지면서 막막해진다. 이러한 심리적 방황 상태를 소위 '대2병'이라고 부른다. 좋은 대학에 들어가려면 엄마가 하라는 대로 해야 된다고 해서 지금까지 따라오기만 했는데, 막상 대학에 들어오고 나니 자신이 뭘 좋아하는지, 뭘 하고 싶은지, 그제야 고민이 되기 시작하는 것이다. 중·고등학교 때에는 공부에만 치여 살아왔으니 여지껏 스스로 그런 생각을 깊이 있게 해본 경험이 없다. 아니, 고민을 하려 해도 어른들은 "지금은 그런 걱정에 시간 낭비하지 말고 대학 가서 고민해"라고 다그치기만 할 뿐이다.

　주도성 있는 아이라면 스스로 자기 길을 찾고 자기 관심 분야에 대한 정보를 찾아보기도 한다. 그런데 의존적인 아이들은 자신감이 부족해서 이런 자율성을 잘 펼치지 못한다. 자신감 없는 아이들은 자기 자신에 대한 확신이 없으니 미래에 대해서도 걱정이 많다. '나는 이게 좋은데 엄마 말대로 이거 하면 먹고살 수는 있을까' 그런 생각이 들면서 자꾸 불안해진다. 자신감이 없으니 자기 주장을 하기도 어렵다. 어른들이 하라는 대로 끌려가고 따라가다 보면 나중에는 "엄마, 나 수능 점수 이렇게 나왔는데 무슨 과 써?" 이런 웃픈 상황이 되는 것이다. 과거에는 시시콜콜하게 부모한테 묻고 기대는 아이들은 마마보이, 마마걸이라고 불릴 정도로 드문 유형이었는데, 요즘에는 이런 아이들이 드물지 않다.

출산율이 워낙 낮아서 열 집 중에 일곱 집이 아이가 하나인데, 그런 상황에서는 사실 부모님들은 하나뿐인 내 아이에게 시행착오를 하고 싶어 하지 않는다. 대체로 과잉 통제, 과잉 기대, 과잉 간섭이 있을 수밖에 없는 시대이다. 사교육 인프라는 부모가 학생이던 시절과는 비교가 안 되게 체계적으로 시스템화되어 있고, 부모뿐 아니라 양가 조부모님에 결혼 안 한 이모, 삼촌까지 아이 하나를 위해서 지원을 아끼지 않는 집이 많다. 이런 상황에서 아이들은 어릴 때부터 스스로 선택할 새도 없이 사교육 프로그램이 짜주는 커리큘럼대로 따라간다. 10년을 이런 방식으로 살아왔는데 갑자기 "너 이제 고등학생이니 네 진로는 네가 알아서 정해야지"라고 하면, 스스로 선택하고 생각해보고 고민해본 적이 없으니 쉽지 않다. 사회 시스템, 양육 방식의 변화나 저출산의 여파 등 여러 요인이 맞물려서 아이들이 점점 더 의존적으로 자라고 있다. 결국 이런 문제는 아이들 탓이라기보다는 어른들의 책임으로 보는 것이 맞다.

공부가 재미없다는 아이들

"제가 싫은데 공부는 왜 해야 돼요? 정말 좋아서 해야 되는 거 아니에요?" 중학생 아이들이 내게 종종 하는 질문이다. 하기 싫어도 해야 한다는 걸 아는 고등학생들도 넋두리처럼 이런 말을 한다. 대학 진학률이 40퍼센트밖에 안 되고 고등학생 나이부터 직업 교육을 받는 유럽 국가의 동년배 청소년들을 생각해보면 적성에 대한 아이들의 질문은 청소년기에 당연히 해야 할 적절한 고민이다. 그래서 나는 아이들 말에 동의는 한다. "그래, 진짜 공부하기 싫지? 우리나라처럼 시험 성적에만 집착하고, 한두 문제 실수하면 대학이 바뀌는 이런 시스템에서 공부하라고 하면 선생님도 진짜 싫을 거야" 하고 공감해준다.

나도 고등학교 때 시험 불안을 겪어본 적이 있다. 고1 때 모의고사를 보는데 갑자기 머릿속이 하얘져서 수학 마지막 장을 하나도 못 풀고 답안지를 냈다. 아이고 어른이고 우리나라 입시를 치르며 자랐다면 그런 경험 한두 번 안 해본 사람은 드물 것이다. 결국 교육 시스템의 문제이고, 모두가 이 시스템 내에서 고통스러운 상황이라는 건 인정할 수밖에 없다. 그렇게 문제에 공감해주면 지혜로운 아이들은 "그런데 선생님, 그래도 시스템이 안 좋다고 한탄만 하고 있을 수는 없죠. 어쨌든 제가 할 수 있는 건 해야죠" 하고 스스로 말한다. 어른들이 훈수처럼 말하는 정답을 아이들도 이미 알고 있는 것이다. 힘든 아이들의 마음을 알아주고 공감해주면 이처럼 아이들은 올바른 방향을 잡아나간다.

그러면 공부 말고 다른 것을 하는 아이들은 미래가 없을까? "공부가 싫다면 너는 진짜 하고 싶은 게 있어?" 하고 물어보면 아이들은 운동, 유튜브, 보컬, 춤, 영상 촬영, 게임, 미술, 미용 등 여러 가지 영역을 다양하게 언급한다. 어떤 영역이든 좋아하는 분야를 찾아 열심히 배우고 연습한다면 그 과정을 통해서 스스로 단련된다. 연습 과정은 김연아 선수처럼 뛰어난 재능을 가진 사람도 피할 수 없는, 자기 자신을 단련해가는 과정이다. 학교 끝나고 오후 4시부터 밤 11시까지 7시간 동안 좋아하는 춤을 연습할 수 있는 아이라면 나중에 꼭 춤으로 성공하지 않더라도 자기 일을 할 수 있는 체력과 '마음 근력'이 다져지기 마련이다.

유튜브를 너무 좋아해서 어른들이 걱정하는 아이도 사실 넓은 의미로는 공부를 하고 있는 셈이다. 예를 들어 옷이나 화장품을 다루는 유튜브를 하려면, 그 주제에 대해서는 다른 사람이 잘 모르는 걸 알고 있어야 하고, 요즘 뭐가 좋은지, 뭐가 예쁜지 이것저것 써보고 입어보면서 시간을 들이고 노력해서 콘텐츠를 만들어야 한다. 그리고 자기랑 비슷한 주제로 활동하는 다른 유튜버들은 뭘 방송하는지, 요즘 트렌드는 무엇인지도 분석해야 한다. 이런 일도 넓게 보면 중요한 공부다.

그런데 진료실에서 상담을 하다 보면 하고 싶은 걸 잘 모르겠다는 청소년들이 80퍼센트이다. 관심 영역이 없거나 잘 모르는 경우에는, 공부에도 여러 과목이 있으니까 역사든 과학이든 외국어든 좋아하는 과목 하나라도 깊이 있게 공부해보라고 조언한다. 좋아하는 과목에 집중하면 자기가 몰랐던 지식도 알게 되고, 좋아하는 것을 공부하니 재미도 느끼고, 실력이 조금씩 늘어가면서 난도가 높은 문제에 도전할 때의 쾌감도 느끼게 된다. 좋아하는 과목을 통해서 공부 감정을 긍정적으로 바꿔나가는 것이다.

나는 늘 공부에 있어 내재 가치와 내재 동기의 중요성을 강조해왔다. 입시 공부는 앞서 언급한 학습의 가치 중에서 성취 가치와 이용 가치가 특히 강조되는 영역이다. 분명 공부는 꿈이나 진로를 위한 수단이 될 수 있으며, 청소년들 역시 좋은 대학에 가면 인생의 선택지가 넓어진다는 현실을 잘 알고 있다. 학교 교육 과정은 상식과 교양을 갖춘 시민으로 성장하는 데 필요한 지식을 담고 있고, 시험을 통해 이를 얼마나 잘 이해했는지를 점검하는 과정은 성인기의 진로 준비나 문제 해결 능력을 기르는 데도 도움이 된다. 어른이 되면 좋아하는 일만 하며 살 수 없듯, 지금 하기 싫은 공부를 감내하는 것도 일종의 사회화 과정일 수 있다. 그래서 나는 종종 공부를 하기 싫어하는 아이에게 이렇게 말한다. "나중에 회사에 다니면 하고 싶지 않은 업무라도 해야 할 때가 있어. 지금은 그 연습을 하는 거야."

하지만 공부를 오직 입시나 취업 같은 '이용 가치'에만 연결시켜 설명하면, 현재의 고통을 감내하는 능력이 아직 미성숙한 아이들에겐 그 의미가 잘 와닿지 않는다. 수년 뒤의 입시나 직업이라는 막연한 목표만으로 어린 학생들이 지금의 공부를 견뎌내긴 어렵다. 오히려 만약 시험을 보고 좋은 성적을 내야 한다는 부담이 없다면, 교과서 자체를 흥미롭게 읽는 아이들도 있을 것이다. 역사를 좋아하거나 영어, 수학을 즐기는 아이도 분명 존재한다. 또 공부는 부담 없이 하다 보면 재미 있어질 때도 있다. 어느 순간 성취감을 느끼기도 하고, 막히는 부분에서 짜증이 나다가도 결국 곰곰이 생각해 어려운 문제를 푸는 경험을 통해 감정 조절력도 함께 자란다. 이처럼 공부 자체의 내재적 즐거움과 의미를 발견한 아이들은 훨씬 더 긍정적인 학습 감정을 갖게 된다.

문제는, 우리 사회가 아이들에게 공부의 '내재 가치'보다는 성적이나 진학 같은 결과 중심의 '이용 가치'에 더 큰 비중을 두는 경향이 있다는 점이다. 아이들이 지치고 힘들어할 때 어른들은 "성적과 자존감을 동일시하지 마라", "성적이 안 나온다고 모든 게 헛수고는 아니다", "성적보다 꾸준히 밀어붙이는 힘이 어른이 되어 더 중요하다" 같은 말을 하며 위로하지만, 정작 평소에는 좋은 성적과 명문대 진학이 전부인 것처럼 말하고 행동한다. 말로는 과정이 중요하다고 하면서도, 실제로는 결과만 따지는 이중적인 태도를 아이들은 금세 눈치챈다. 그렇게 반복되는 모순되는 말들은 결국 아이들 귀엔 또 하나의 '설교'처럼 들릴 뿐이다. 사실 아이들은 모르는 게 아니다. 다만 어른들의 이중적 태도의 진정성도 의심되고, 자꾸 간섭받고 상처받고 싶지 않아서 자기만의 방어막을 치는 것뿐이다. 어른들 역시 누군가 자신의 삶에 간섭하면 차갑게 반응하거나 거리를 두듯, 아이들도 똑같다.

그래서 정말 중요한 건, 공부의 내재 가치를 알려주고 싶다면, 말보다 이해와 공감이 먼저라는 점이다. "너는 그렇게 생각하는구나." 이 한마디면 충분할 때가 많다. 아이들은 이미 많은 걸 알고 있다. 어른들이 할 일은 그저 공감하며 아이가 스스로 공부의 의미를 발견해나갈 수 있도록 조용히 지켜봐주는 일일지도 모른다.

9장

긍정적인 공부 감정을 위하여

집중력, 작업기억력, 실행 기능을 높여라

아이가 고등학생 시기에 공부 감정을 잘 조절하기 위해서는 아이가 어릴 때부터 초등학교 고학년 시기에 자기 조절력을 키우고, 스스로 계획을 세우고, 실행해보고, 힘든 일도 견디면서 꾸준히 지속할 수 있게 도와주어야 한다. 집중력(attention), 작업기억력(working memory), 실행 기능(executive function)을 키워가도록 신경을 써야 한다. 이 세 가지는 앞으로 공부를 끌고 가는 세 가지 중심축이 되기 때문이다.

아이의 자기 조절력이 향상되려면 먼저 주의력이 뒷받침되어야 한다. 정상 발달 과정에서도 연령이나 성별, 아이의 기질, 질환 여부 등에 따라 주의력이 굉장히 다르다. 아이의 주의력 문제로 상담을 받으러 오는 경우는 여러 가지 이유가 있는데, 그중 몇 가지 흔한 예를 들어보겠다.

먼저, 학군 지역 특성상 선행학습이 빠르다 보니 아이가 학원에서 집중을 못한다는 이야기를 선생님에게 전해 듣고 주의력 검사를 받으러 오는 경우이다. 정상 주의력을 가진 아이들도 빠른 선행학습에 들어가면 이해를 잘 못 하기 때문에 수업 시간에 멍하게 앉아 있는 듯 보일 수가 있다.

두 번째로는 남학생이 또래 여학생이나 여자 형제와 비교해서 산만하다고 생각하는 경우다. 여자아이들은 전두엽 기능 발달이 남자아이들보다 평균 2년 정도 빠르기 때문에 남자아이들의 경우 주의력이 떨어져 보이는 것이 당연하다. 또 남자아이들은 과잉 행동이 많은 편인데 초등학교 저학년까지는 이것이 정상 범위 내의 행동인 경우가 대부분이다.

세 번째로는 주의력결핍과잉행동장애(ADHD)라는 질환으로 인해 주의력 저하를 보이는 경우이다. 인간의 뇌에는 집중력을 담당하는 시스템인 '주의력 네트워크(attention network)'가 있는데, ADHD라는 신경발달장애는 여러 가지 원인에 의해서 이 시스템이 또래보다 2~3년 정도 늦게 발달하는 병이다.

집중력은 자신이 집중해야 하는 것을 선택해서 필요한 정보에는 주의를 기울이고 불필요한 정보는 거르는 능력이다. 이는 사실 유전적으로 타고나는 면이 많지만 부모의 지도하에 집중력을 향상시킬 수 있는 방법들이 있다.

초등학생 아이들은 먼저 '집중력'이 뭔지를 알아야 한다. 부모들이 초등학교 1~3학년 아이들한테 집중하라고 얘기하곤 하는데 아이 입장에서는 집중이 뭔지를 잘 모른다. 특히 저학년일수록 집중력이 어떤 행동인지를 구체적으로 알려줘야 한다. 예를 들면, "네가 방금 문제 푸는 걸 보니 어제보다 실수 없이 잘 풀었네. 집중을 잘하는구나"라거나 "중간에 딴짓 안 하고 한 번에 끝냈네", "똑같은 양을 하는데 어제보다 시간이 짧게 걸렸어" 이런 식으로 행동을 칭찬하면서 말해주면 아이들은 '이렇게 하는 게 집중이구나' 하고 구체적으로 알게 되면서 좀 더 잘하려는 동기가 생긴다.

특히 저학년일 때는 어른들에게 칭찬을 받으면 흥미가 생기면서 칭찬받은 행동을 지속하려는 동기가 생긴다. 이럴 때 뇌에서 도파민이 나오기 때문에 실제로도 집중이 더 잘 된다. 이처럼 칭찬을 통해 집중하는 활동에 즐거움을 느끼게 되면, 아이는 주의력을 긍정적인 감정과 몰입의 상태와 연결 짓게 되어, 자연스럽게 주의력이 더 향상된다.

다음으로 아이가 집중력이 뭔지 알게 되었다면 아이가 스스로 자신의 집중력을 평가하고 모니터링하게 해야 한다. 예를 들면 "집중력이 최고로 좋을 때를 100점이라고 하면 너는 지금 몇 점 정도인 것 같아?", "그럼 지금은 네가 집중력 점수가 낮은 것 같은데 점수 올리는 걸 뭐가 방해하는 것 같아?" 이런 식으로 아이의 집중력을 모니터링하면서 주변에 어떤 요인들이 집중력을 떨어뜨리는지를 생각해보도록 해야 한다. 다소 어색하게 느껴질 수도 있으나, 어릴 때부터 이런 훈련을 하는 것이 이후 메타인지를 키우는 데 있어서도 중요하다. 메타인지는 현재 자신이 어떤 상태에 있고 자기 능력치는 어느 정도인지를 스스로 정확하게 알아차리는 능력으로, 뛰어난 학업 성취도를 보이는 아이들은 대체로 메타인지가 뛰어나다. 어릴 때부터 간단한 질문을 통해서 스스로의 상태를 평가할 수 있는 메타인지를 키우면 아이의 자기 모니터링 능력이 향상될 수 있다.

이제 학습에 매우 중요한 전두엽 기능 중의 하나인 '작업기억력'에 대해 살펴보고자 한다. 우리가 누군가에게 전화번호를 물어봤을 때 010-○○○○-○○○○라는 대답이 돌아오면 그 정보를 뇌에 수 초 동안 잠깐 저장하고 있어야 그것을 받아 적을 수가 있다. 또 책을 읽을 때 적어도 앞 페이지에서 어떤 인물들이 나왔고 스토리가 어떻게 흘러가는지를 기억하고 있어야 앞장으로 다시 돌아가지 않고 계속해서 읽어나갈 수가 있다. 이렇게 수 초에서 수 분에 걸쳐 정보를 기억하고 다루는 능력을 작업기억력이라고 한다. 이 작업기억력은 학습을 해나가는 데 매우 중요하다고 알려져 있다. 그런데 요즘 아이들은 디지털 미디어에 너무 익숙해져서 쇼츠나 릴스 같은 짧은 동영상 콘텐츠를 주로 보면서 자라기 때문에 작업기억력이 떨어지는 경우가 흔하다. 반면 내신 시험이나 수능에서 국어 지문은 점점 길어지는 추세여서 이렇게 자라다 보면 중·고등학교에 가서 시험 시간의 압박을 많이 느끼고 성적도 안 나오니 좌절, 실패감 같은 부정적인 공부 감정으로 이어질 수가 있다.

작업기억력은 어릴 때부터 아주 간단한 방법으로 키워줄 수 있다. 예를 들어 아이한테 읽은 책이라든가 그날 유치원에서 있었던 일을 요약해서 이야기하게 해보라. 그러면 그날 있었던 일, 읽었던 책의 내용에 대한 정보를 머릿속에 떠올리면서 이야기를 하게 된다. 또 하나는 사진이나 그림을 보여주면서 유심히 관찰하게 해서 기억으로 저장하게 한 다음 자기 나름의 스토리를 만들게 하는 것이다. 그러면 관찰한 정보를 저장해서 활용하는 능력이 높아져서 놀면서도 작업기억력을 키울 수 있다.

마지막으로 '실행 기능'은 스스로 계획 세우기, 지금 당장 하고 싶은 일이 있어도 미래의 목표를 위해서 일시적으로 하고 싶은 충동을 참는 만족 지연 능력, 조직화하는 능력, 융통성, 스스로에 대해서 객관적으로 파악하는 메타인지 등 부모님들이 아이가 갖추길 바라는 덕목들을 말한다. 이 실행 기능은 어느 정도 유전적으로 타고나는 면도 있으며, 개인차가 있고, 전두엽 기능 발달과 함께 일생에 걸쳐 서서히 발달해나간다. 초등학생 시기에 실행 기능의 기초가 놓이고 청소년기부터 본격적으로 발달하기 시작한다. 앞에서 이야기한 집중력 훈련이나 작업기억력 훈련이 실행 기능을 키워주는 데 도움이 된다.

어린 시절부터 실행 기능을 키우는 간단한 방법이 있다. 가족 여행을 갈 때에도 엄마, 아빠가 다 알아서 계획을 세우지 말고 아이랑 같이 어떤 곳을 어떻게 방문할지에 대해 동선이나 일정을 같이 짜면 계획하고 체계화하고 조직화하는 훈련이 된다. 책상 정리를 할 때도 어떻게 할지 아이와 함께 이야기 나누고, 초등학교 고학년이 되면 공부를 할 때 시간이 얼마나 걸릴지 미루어 짐작해보게 하면서 오늘 할 수 있는 양이 어느 정도 되는지 시간 계획을 세워보게 하면 아이의 실행 기능이 키워지게 된다. 이런 훈련을 어릴 때부터 반복하다 보면 후에 중·고등학교에 가서 스스로 학습 계획을 현실적으로 잘 세우고, 목표를 달성하면서 뿌듯함을 느끼게 되어 공부 감정이 좋아지고, 더 나아가 학습 동기로도 이어지게 된다. 무엇보다도 부모님이 실행 기능의 개념을 알고 있다면, 아이들과 즐겁게 놀면서도 일상생활에서 어렵지 않게 실행 기능을 키워줄 수 있다.

일상에서 높여주는 집중력

집중력 향상을 위해서는 충분한 수면이 중요하다. 잠이 부족하면 아이들은 쉽게 산만해지고, 과잉행동을 보이기도 한다. 실제로 많은 과학 연구에서 잠을 덜 자면 집중력이 떨어진다는 사실이 확인되었으며, 이는 현재 거의 이견 없이 받아들여지고 있다.

또한 수면 중에는 낮 동안 배운 내용을 장기 기억으로 저장하는 '기억의 견고화' 과정이 일어나기 때문에, 잠을 충분히 자지 않으면 기억력에도 부정적인 영향을 미친다. 특히 깊이 생각하고 판단하며 계획하는 기능을 담당하는 전전두엽은 수면 부족에 더 민감하게 반응하는 것으로 나타났다.

결국 잠을 적게 잘수록 집중력과 기억력이 나빠지고, 사고력과 문제 해결 능력도 떨어지게 된다. 현대 사회는 전반적으로 산만하고 예민한 분위기를 띠는 경향이 있는데, 이 역시 수면 부족과 깊은 관련이 있다. 아이든 어른이든 잠을 충분히 자면 집중력 문제나 기분 문제도 눈에 띄게 호전되는 모습을 보인다. 이런데도 요즘은 중고생은 물론 초등학교 고학년만 되어도 밤늦게까지 학원에 있고 집에 와서도 숙제를 하느라 수면 부족에 시달리는 아이들이 너무 많다.

집중력을 높이기 위한 가장 기본적인 원칙은 한 번에 한 가지 일에 몰입하고, 충분한 수면을 취하며, 생활의 속도를 늦추는 것이다. 일이 많을수록 오히려 능률이 떨어지고, 휴식을 취해야 집중력이 되살아나는 것이 인체의 본래 구조이다. 이런 사실은 누구나 알고 있지만, 오늘날 우리 사회는 이처럼 자연스러운 원리를 실천하기 어렵게 작동하고 있다. 더 오래, 더 많이 일해야 성공할 수 있다고 믿는 문화가 뿌리내리고 있기 때문이다.

이러한 사회적 분위기 속에서 아이들 역시 예외가 아니다. 요즘 아이들은 몸을 움직이며 뛰어 놀거나 쉬는 시간을 갖기 어려운 환경에서 자라고 있다. 어린 시절부터 학원의 레벨 테스트와 선행학습 경쟁에 내몰리면서, 밤늦게까지 학원 수업을 듣고 잠을 줄여가며 숙제를 하는 삶을 자랑스럽게 여기도록 사회가 유도하고 있다. 아이들은 점점 '아무것도 하지 않는 시간'에 죄책감을 느끼고, 무언가를 잘 해냈다는 뿌듯함보다는 늘 부족하다는 느낌에 시달린다. 이런 환경에서는 "속도를 줄이고 충분히 쉬어야 집중력이 높아진다"는 말이 현실과 동떨어진 조언처럼 들리기 쉽다. 하지만 아이들이 진정으로 집중하고 자기 역량을 키워가기 위해서는, 이 당연한 원칙을 지켜야 한다.

성호는 중학교 1학년 남학생인데, 집중력이 부족하다며 어머니가 병원에 데려왔다. 진료를 받는 동안에도 성호는 꾸벅꾸벅 졸았다. 많이 졸리냐고 물었더니 지난 밤에 5시간도 못 잤다고 했다. 성호는 집중력이 떨어져 뉴로 피드백을 1년 동안 받았는데도 집중력이 전혀 나아지지 않았다고 했다. 대치동에서는 아이가 집중력이 떨어지면 뉴로 피드백을 시키는 기관이 많은데, 이는 게임의 형태로 집중력 뇌파를 훈련하는 프로그램이다. 보통은 20~40회 정도 진행하고 효과를 평가하여 추가 진행 여부를 결정한다. 성호는 호전되지 않아 100회까지 진행한 상황이었다. 그래서 내가 성호에게 "뉴로 피드백 치료실에 가서도 잤니?" 하고 물으니까 "뉴로 피드백 하면 졸려서 못 하겠어요. 그래서 졸았어요" 하는 것이었다. 어머님은 성호가 말을 안 하니 이런 상황을 모르고 있었다. 나는 이 상황을 듣고 한 가지 제안을 했다. "어머니, 뉴로 피드백은 끊고, 학원도 하나 줄이고, 성호 잠을 좀 더 재우세요. 그동안 5시간도 못 잤으니까 7시간만 재워도 3주면 집중력이 돌아올 겁니다." 성호는 그렇게 3주 정도 7시간씩 수면을 취하고 나서 집중력이 훨씬 나아졌다. 건강의 기본인 수면 시간의 부족으로 인해 아이가 ADHD로 오인을 받은 씁쓸한 상황이었다.

우리가 자는 동안 뇌는 낮에 학습한 것을 그대로 다시 반복하면서 장기 기억 장치로 넘긴다. 그런데 아이가 수면 부족에 시달려 잠을 못 자면 공부한 내용이 기억에서 사라지게 된다. 또 뇌는 자는 동안 스트레스도 처리한다. 우리가 골치 아픈 고민이 있을 때 '아, 몰라, 골치만 아프니 잠자고 생각할래' 하고 일단 자고 일어나보면 해결책이 떠오르는 경우가 있지 않은가. 수면은 문제 해결력도 높이게 된다. 성장하는 뇌는 이런 과정이 더 많이 필요한데, 잠을 잘 못 자면 그런 효과를 다 놓치게 된다.

또 아이들은 놀이를 하면서 집중력과 기억력이 향상된다. 아이들이 재미를 느끼는 걸 발견하는 시간이 바로 놀이를 할 때다. 레고를 좋아하는 어떤 아이는 한번 시작하면 먹는 것도 잊어버리고 조립이 다 끝날 때까지 한다. 이렇게 한자리에 앉아서 자신이 좋아하는 것에 몰입하는 게 집중력인데, 아이가 좋아하는 걸 찾아야 그렇게 집중할 수가 있다.

어릴 때 아이를 놀게 해야 스스로 여러 가지를 해보면서 그중에서 좋아하는 것을 찾고 몰입하는 훈련을 할 수 있다. 유치원, 초등학교 저학년일 때는 일상생활에서 노는 것처럼 공부를 시킬 수 있다. 여행 계획 짜보기, 마트에 가서 물건 사기 등을 하면서 어디를 어떻게 갈지, 무엇을 몇 개 살지, 비용이 얼마나 들지 계산도 해보고, 우선순위를 정해보면서 얼마든지 실행 기능을 키울 수 있다. 그렇게 좋아하는 놀이를 서너 시간씩 집중해서 해보고 생활 속에서 실행 기능을 키운 아이들은 초등학교 5~6학년이 되어서 공부의 양이 늘어나고 학원 공부가 많아져도 거부감 없이 공부를 할 수 있다.

요즘 부모들은 놀이조차도 학원에 보내서 시키려고 한다. 유치원생이나 초등 저학년 아이들을 레고 학원, 놀이 수학 학원, 사고력 수학 학원에 보낸다. 나는 학원 보낼 비용으로 레고나 퍼즐 등 아이가 좋아하는 놀이 재료를 사주는 게 더 낫다고 생각한다. 놀이하는 데 반드시 잘 짜인 학원 커리큘럼이 필요하진 않다. 방과 후에 아이 스스로 재미를 느끼는 무언가를 집중해서 해보는 것이 중요하다. 강요받지 않고, 놀이를 통해 무엇이 자신을 흥미롭게 하는지 알아낼 기회가 주어질 때 아이들은 의미를 찾고, 의미 있는 일일수록 더 집중하고 배운다. 또한 아이들은 자신이 무언가를 잘한다고 느낄 때 집중을 훨씬 잘하게 되고, 자신이 잘 못한다고 느낄 때는 집중력이 떨어진다. 현재의 표준화된 교육은 학습의 의미를 너무 자주 없애고, 무리한 선행학습은 아이들이 잘 할 수 없다고 느끼게 만든다. 학교나 학원에서 아이들의 학습 경험이 따라가기 어렵고 벅차다는 느낌으로 점철되니 아이들이 집중을 하기 어려운 것이다.

스스로 계획하는 아이로
키우는 법

아이들마다 성장 속도가 다르듯이 실행 능력도 다르고 발달하는 속도도 다 다르다. 유전 요인도 있고, 성별 차이도 있다. 그래서 아이에게 필요하다면 부모가 코칭을 해주는 게 좋다. 학원에 보내기보다 일상생활 속에서 가르쳐주면서 같이 해보기도 하고, 아이가 어느 정도 크면 "이번에는 네가 해봐" 하고 기회를 주고, 잘 못하면 "이렇게 해보면 어때" 하고 힌트를 주기도 하면서 말이다. 아이 수준을 알고 그에 맞춰 적절하게 피드백을 줘야 아이가 배워나갈 수 있다. 아직은 아이들이 어려서 미숙하니 아이한테 던져주고 알아서 하기를 기다리면 효율이 떨어진다.

부모가 아이를 가르칠 때 하나 주목할 만한 개념은 '근접발달영역(Zone of Proximal Development, ZPD)'을 활용한 방법이다. 이는 러시아의 심리학자 레프 비고츠키가 제안한 개념으로, 아이들이 혼자서는 아직 완전히 해내지 못하지만, 어른의 도움이나 힌트를 받으면 스스로 해결할 수 있는 과제의 영역을 말한다. 아이들은 자신이 이미 잘하는 과제보다 약간 더 어려운 과제에 도전할 때 가장 잘 배우고 성장한다. 그래서 교육학에서도 학습 효율성과 동기 유발을 위해 ZPD 개념을 적용시킨 방법이 가장 널리 활용된다.

아이가 공부에 대해 긍정적인 감정을 느끼려면, 아이에게 '아, 나도 할 수 있구나!' 하는 성취감과 함께 즐거움이 뒤따라야 한다. 스스로 해내는 경험이 반복될수록 아이는 공부에 대한 자신감과 긍정적인 감정을 갖게 되고, 아이의 집중력도 자연스럽게 향상된다.

이런 방법을 알려드리면 많은 어머님들이 아이 수준을 어떻게 파악해야 할지 잘 모르겠다고 한다. 직장에 다니는 등 아이를 다른 사람에게 맡겨야 하는 상황일 때, 아이를 돌봐주는 이모님이나 할머니에게 아이의 공부 수준까지 파악해달라고 부탁하기는 현실적으로 어렵기도 하다. 그래서 어떤 엄마들은 자신이 아이를 방치하는 건 아닌지 죄책감을 털어놓기도 한다. 그런 이야기를 들을 때면, 나 역시 엄마로서 비슷한 상황을 겪어봤기 때문에 안타까운 마음이 먼저 든다. 집에서 아이를 돌보는 엄마들은 아무래도 자녀를 직접 관찰하고 파악할 수 있는 기회가 더 많은 것은 사실이다. 하지만 그렇다고 해서 일하는 엄마들의 양육을 미진하다고 말할 수는 없다. 양육은 각 가정의 상황에 따라 다양한 방식으로 이루어지며, 어떤 방식이 무조건 더 옳다고 단정 지을 수는 없다. 중요한 것은 아이를 향한 부모의 애정과 관심이며, 직접 곁에 있지 못하더라도 꾸준히 아이의 생활과 정서에 관심을 갖고 소통하려는 태도 자체가 이미 좋은 양육의 출발점이 될 수 있다.

'충분히 좋은 양육(Good enough mothering)'이라는 개념이 있다. 영국의 정신분석가 도널드 위니코트가 제안한 개념으로, 아이를 잘 키우기 위해 부모가 모든 것을 완벽하게 해줄 필요는 없다는 메시지를 담고 있다. 아이가 필요로 하는 것의 약 60~70퍼센트 정도만 충족시켜줘도 충분히 좋은 양육이라는 것이다. 그 이유는 아이 역시 자율성을 지닌 존재이며, 스스로 자라고 성장할 수 있는 능력을 갖고 있기 때문이다. 인간은 어느 정도 발달 가능성을 타고나며, 부모가 아이의 모든 욕구를 일일이 다 맞춰주기보다는 기본적인 돌봄과 사랑을 안정적으로 제공해주는 것이 오히려 아이에게 도움이 된다고 본다. 때때로 부모가 조금 실수하거나 반응이 늦더라도, 그것이 아이의 자율성과 회복력을 키우는 데 중요한 역할을 할 수 있다는 것이다.

사실 대부분의 엄마들은 아이를 사랑하고 기본적으로 관심이 많기 때문에, 아이가 어떤 수준의 과제를 어려워하고 어떤 것은 잘 해내는지, 또 어떤 부분은 수월하게 여기는지를 대략적으로는 판단할 수 있다. 이렇게 세심하게 살필 수 있는 시기는 보통 초등학교 시기까지이다. 중학교에 들어서면 학습 내용이 갑자기 어려워지고, 선행 학습이 당연시되다 보니 아이를 옆에서 항시 돌보는 엄마라도 모든 것을 세세히 알고 도와주기란 쉽지 않다.

더불어 중·고등학생이 되면 아이들 역시 부모의 지나친 개입이나 관심을 부담스럽게 느낀다. 이 시기에는 부모가 학습 문제에서 한 발 물러서서, 학교 선생님이나 학원 선생님 같은 교육 전문가에게 도움을 구하는 방식이 더 효과적일 수 있다. 정기적으로 선생님들과 상담하며 아이가 어떤 부분에서 어려움을 겪는지 확인하고, 아이와 신뢰 관계가 잘 형성되어 있다면 이 부분에 대해 직접 대화를 시도해보는 것이 좋다.

작은 성취 경험이
내재 동기를 일으킨다

공부에 대한 내재 동기는 어떻게 키울 수 있을까? 이는 모든 학습에서 가장 큰 과제이다. 동기를 유발하는 방법은 여러 가지가 있지만 내가 가장 강조하는 것은 아이가 '작은 성취'의 경험을 계속 쌓아야 한다는 것이다. 아이들은 이런 경험을 통해서 '나도 할 수 있다'고 생각하게 된다.

용돈이나 칭찬 같은 외재 동기로 아이들의 동기를 유발하는 것은 초등학교 고학년 때까지만 효과가 있다. 요즘은 선행학습이 점점 빨라져서 대부분의 아이들은 공부로 잘한다는 칭찬을 듣기가 쉽지 않다. 고등학교 때 1등급을 받는 아이들은 칭찬받을 수 있을까? 어른들은 최상위권 아이들에게도 "의대 가려면 이걸로는 안 돼. 상위

0.1퍼센트 안에 들어야 돼"라고 말한다.

그렇다면 아이가 힘들고 칭찬과 인정을 받지 못하는데도 어려운 공부를 포기하지 않고 계속할 수 있게 만드는 원동력은 무엇일까? 자신이 공부를 해야 하는 이유와 의미, 혹은 재미가 없으면 이 어려운 과정을 해내기가 힘들다. '자기 동기력'을 일으키려면 자존감과 자기 나름대로 해야 할 일에 재미를 느끼고 의미 부여를 할 수 있는 능력이 있어야 한다.

아이들은 청소년기에 공부 말고도 앞으로 세상을 어떻게 살아야 할지, 친구를 어떻게 사귀어야 할지 등의 고민이 많다. 부모님들은 그 시간에 공부나 하라고 하지만, 아이들이 이런 고민을 하지 않으면 공부의 의미를 발견하기가 어렵다. 또 부모들에게 강조하고 싶은 것 중 하나가 아이가 하고 싶어 한다면 예체능을 중단하지 말라는 것이다. 아이가 초등학교 고학년쯤 되면 부모님들은 국어나 수학 학원에 보내는 것이 우선이니 예체능 수업을 중단하는 경향이 있다. 하지만, 운동이든 음악이든 미술이든 한 가지 정도는 아이가 성취감을 느끼고 자존감을 유지할 수 있는 활동을 취미로라도 남겨두는 편이 좋다. 나중에 공부가 기대만큼 잘 안 되어서 좌절할 때 '그래도 난 이건 할 수 있잖아'라고 자존감을 느낄 수 있는 영역이 남아 있어야 한다.

플랜 A대로 안 되면 플랜 B로 갈 수도 있는 게 인생인데, 대치동 학부모들은 아이들에게 있어 오로지 공부만 유일한 길인 것처럼 여기는 경향이 있다. 나도 아이를 키우면서 느낀 것이지만, 공부 재능은 아이들마다 다르고, 무조건 시킨다고 부모 뜻대로 다 되는 건 아니다. 뒤늦게 공부에 발동이 걸리는 몇몇 아이들도 있지만, 대체로 중학교 3학년 정도 되면 아이가 공부 쪽인지 아닌지가 어느 정도 결정이 나는 것 같다. 지금까지 오로지 공부만 길인 줄 알고 살아왔는데 성적이 뜻대로 안 나온다면 그때 아이들은 어떻게 될까? "인생 망한 것 같아요", "이제 어떻게 해도 안 될 것 같아요", "죽고 싶어요", 이렇게 말하는 아이들을 많이 보았다. 학군 지역일수록 부모님들이 학벌을 쉽게 포기하지 못하는 편이다. 고2가 되어도 내신이나 모의고사 성적이 원하는 대로 안 나올 경우에는 미대나 체대, 보컬, 작곡 등의 예체능 분야로 진로를 뒤늦게 수정하는 경우도 종종 있는데, 어릴 때부터 이 분야에 적성과 재능을 보이며 꾸준히 해온 아이들도 많으니 이도 만만치 않다. 이런 경우는 당연히 어릴 때부터 취미로라도 꾸준히 해온 아이들이 아예 안 하다가 고2 때 갑자기 시작하는 애들보다는 진로 변경에 대한 적응력이 훨씬 낫다. 또한 예체능 활동이 반드시 진로로 이어지지 않더라도 뇌를 발달시키고 공부 스트레스를 해소시키고 마음의 위안 및 인생의 재미를 느끼게 하는 데 좋은 방법이 된다.

하지만 주어진 공부를 하는 것도 벅찬 아이들에게 다양한 취미 활동까지 하라고 말하기 어렵다는 부모님도 많다. 시간이 한정되어 있으니 뭔가 거창한 취미 활동을 하라는 뜻은 결코 아니다. 내가 상담하는 아이 중에 퍼즐을 잘하는 아이가 있다. 아이 부모는 퍼즐 맞추는 시간에 수학 문제 하나라도 더 풀면 좋겠다고 한탄을 하는데, 나는 아이가 퍼즐 맞추는 게 수학 공부 이상의 효과가 있다고 부모님께 말씀드렸다. 부모님들이 극혐하는 게임조차도 자기 조절력이 있는 아이들에게는 좋은 스트레스 해소 수단이 된다. 아이들이 게임에 빠지는 큰 이유 중에 하나가 성취감을 느낄 수 있는 기회를 게임을 통해 얻기 때문이다. 소소한 활동이라도 아이가 흥미를 갖고 해나갈 수 있는 취미가 있다면 긴긴 공부를 포기하지 않고 해나가는 데 도움이 될 것이다.

마음 근력을 키우는
그릿 향상 프로그램

우리 병원은 '내면소통' 및 '명상 콘서트'로 유명한 연세대학교 언론홍보영상학부 김주환 교수와 연계하여 '그릿 향상 프로그램'을 운영 중이다. 그릿 향상 프로그램은 자기 조절력, 자기 동기력, 대인 관계력 등을 통해 마음 근력을 키우는 프로그램이다.

중·고등학교에 올라가면 우선 학업 스트레스, 그다음으로 또래 관계 문제로 아이들이 힘들어한다. 아이들은 또래 관계에서 문제가 생겨도 자존감을 잃고 때때로 공부까지 놓아버린다. 그래서 원만한 대인 관계를 유지하고 학업 스트레스를 잘 조절할 수 있도록 감정 조절 능력을 키우는 것이 공부를 잘 해나가기 위해서도 중요하다.

'그릿 향상 프로그램'은 수험생이나 중·고등학생을 대상으로 하

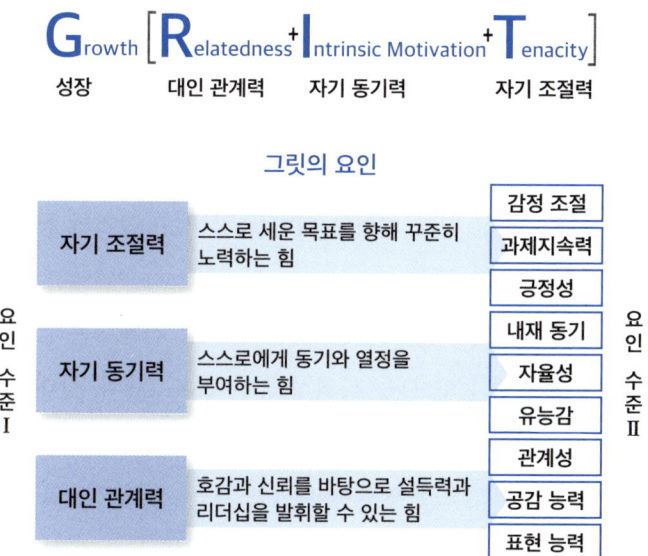

는 프로그램으로, 각 세션마다 주제를 가지고 학생들과 실질적인 예를 들어가며 치료자와 상담을 한다. 그릿 테스트를 통해 자기 조절력, 대인 관계력, 자기 동기력 수준을 측정하고, 앞으로 계발해야 하는 부분이 무엇인지도 분석해준다. 과제와 실력의 균형, 목표 세우기, 적절한 피드백, 이 세 가지를 성취에 중요한 요소로 본다.

 자기 조절력 훈련은 집중력 훈련, 감정 조절, 시험 불안 조절을 위한 가상 시험 프로그램, 면접 대비 훈련 등으로 구성된다. 특히 학생들이 짜증나고 좌절하고 스트레스를 받으면 공부하는 데 필요한 전두엽 기능이 떨어지기 때문에 스트레스 관리법부터 시작하는데, 긍정 정서를 높이기 위한 마인드풀니스(mindfulness)와 감사 명상을 가르친다.

자기 동기력 훈련은 공부나 취미 활동을 통해 자존감, 재미, 의미를 찾도록 도와주는 프로그램 위주로 구성되어 있다. 아이들은 아무래도 자기가 하고 싶고 재미나 의미를 찾을 수 있어야 동기가 생긴다.

대인 관계력 향상 프로그램은 활동 위주로 진행되는데, 현명한 대화법, 분노 조절 콘텐츠 등 사회성 증진 프로그램과, 상대와 공감하기, 존중 표시하기 등으로 진행된다. 이 훈련은 그룹 혹은 개인으로 진행되는데, 개인으로 진행될 때에는 배운 사회 기술을 'VR 가상학교 프로그램'을 통해 연습하게 한다.

디지털 미디어,
규제보다 조절이 중요하다

요즘은 스마트폰 알고리즘이 워낙 정교하고 고도화되어 있어서, 사실 어른조차도 스마트폰 사용을 자제하기가 쉽지 않다. 어른들도 조절하기 힘든 환경이기 때문에 아이들이 스스로 디지털 미디어 사용을 조절하는 건 어려운 일이다. 더욱이 최근에 코로나19 시기를 겪으면서, 아이들에게 디지털 미디어는 학습뿐만 아니라 여가 활용 수단이자 친구를 사귀는 수단이 되었다. 온라인으로 공부하고 친구들과 SNS로 소통하고 게임도 하면서, 이제 없으면 안 되는 존재가 되었다. 요즘 아이들은 태어날 때부터 와이파이가 존재하는 세상만을 경험했다. 스마트폰 없는 세상은 상상도 할 수 없는 아이들이라는 점을 부모님들이 이해할 필요가 있다. 그렇기 때문에 아이들에게만 '참아라', '덜 써라'고 요구하는 것은 현실적으로 어려운 일이다.

보통 디지털 미디어 사용 문제가 본격적으로 불거지는 시기는 초등학교 고학년 무렵이다. 그전까지는 부모가 어느 정도 사용을 조절하거나 제한할 수 있지만, 초등학교 5~6학년이 되면 아이 스스로 사용하는 시간이 많아지고, 통제를 시도하면 몰래 사용하는 일이 많아지면서 부모의 개입이 점점 어려워진다. 이 시기의 디지털 미디어 사용 조절은 요즘 아이들 양육에 있어 중요한 문제로, '자기 조절력'의 일종이다.

자기 조절력은 하루아침에 생기는 능력이 아니다. 애착이 안정적으로 형성된 아이들, 즉 부모를 신뢰하고 정서적으로 연결되어 있는 아이들은 어릴 때부터 부모의 규칙을 수용하고 그 안에서 스스로 통제하는 법을 배우게 된다. 이러한 아이들은 초등 저학년 무렵부터 자기 조절 훈련이 되어 있어 디지털 미디어 사용을 포함한 여러 생활 습관을 건강하게 유지하기가 상대적으로 쉽다.

반면 애착이 불안정하게 형성된 아이들은 부모의 통제에 반발하거나 감정적으로 불안정한 반응을 보이기 쉽다. 이들은 정서적 위안을 외부 자극, 특히 디지털 미디어를 통해 얻으려는 경향이 강하며, 통제에 대한 반감으로 몰래 사용하거나 과도하게 집착하는 행동을 보이기도 한다. 여기에 자기 조절 훈련이 충분히 이루어지지 않은 경우, 미디어 사용이 생활의 중심이 되어버리는 일이 생긴다.

또한 ADHD(주의력결핍과잉행동장애), ASD(자폐스펙트럼장애), 정서장애, 사회성 문제를 가진 아동은 기본적인 충동 억제 능력이나 사회적 규칙 인식에 어려움을 겪는 경우가 많아 디지털 미디어 사용 조절에 더욱 취약하다. 이들은 현실의 인간 관계보다 디지털 세계에서 더 큰 안정감이나 통제감을 느끼기 쉬우며, 결과적으로 더 강한 집착이나 의존을 보일 수 있다.

결국 디지털 미디어 사용 조절의 핵심은 기술의 문제가 아니라, 아이의 정서 상태, 자기 조절력, 그리고 부모와의 관계의 질에 달려 있다. 긍정적인 정서를 충분히 경험하고 내면화한 아이는 스스로 절제하고 조절할 수 있는 기반이 마련되어 있으며, 이는 부모가 어린 시절부터 함께 쌓아올려야 하는 중요한 심리적 자산이다.

또한 사회적으로도 스마트폰 조절을 잘할 수 있는 환경을 조성하는 것이 중요하다. 최근에는 자유를 중시하는 프랑스조차도 학교 현장에서 아이들의 스마트폰 사용을 제한하는 제도적 조치를 도입하기로 결정했다. 프랑스 정부는 2025년 가을부터 초·중학교 내 휴대폰 사용을 전면 금지하는 정책을 시행하기로 했다. 이 정책은 디지털 미디어 전문가, 뇌과학자, 정신과 의사, 심리학자 등 10인의 전문가 위원회가 수많은 연구와 자료를 검토한 끝에 내린 결정이다. 이 위원회는 아이들의 두뇌 발달과 자기 조절 능력을 종합적으로 고려해 15세 이후부터 스마트폰을 소유할 것을 권장했다. 그보다 어린 연령대의 아동은 아직 충분한 자기 조절 능력이 발달하지 않기 때문이다. 또한 위원회는 청소년기 학생들이 학교에서 스마트폰을 자유롭게 사용하는 것은 학습과 정서 발달에 부정적인 영향을 미친다는 결론을 내렸다. 단순한 통제보다 더 중요한 것은, 아이들의 발달 수준에 맞추어 자기 조절력을 발휘할 수 있도록 환경 자체를 제도적으로 설계하는 것이라는 점에서 이 정책은 시사하는 바가 크다.

또한 몇몇 연구에 따르면, 같은 내용을 학습할 때 종이책을 사용할 경우 디지털 미디어보다 이해도와 기억력이 훨씬 높게 나타나는 경향이 있다고 한다. 예를 들어, 단어를 찾는 과정에서도 종이 사전과 전자사전은 전혀 다른 인지적 과정을 요구한다. 종이 사전을 사용할 때는 머릿속으로 단어를 계속 되뇌고, 알파벳 순서를 따라가며 단어의 위치를 상기하는 과정이 반복적으로 동원된다. 반면 전자사전은 단어를 입력하자마자 곧바로 결과가 제시되기 때문에 인지적 노력 없이도 단순하게 끝나버리는 경향이 있다. 그래서 겉보기에는 종이책이나 종이 사전을 사용하는 방식이 시간도 더 걸리고 비효율적으로 보일 수 있지만, 오히려 이러한 방식이 기억력과 학습의 깊이를 촉진하는 데 더 효과적이라는 연구 결과들이 다수 존재한다. 물론 디지털 교과서로의 전환은 시대의 흐름이라는 점에서 거스르기 어려운 방향이지만, 이전 방식에 비해 실제로 학습 효과가 더 높은지에 대해서는 보다 신중한 검토가 필요하다. 특히 교육 대상의 연령이 어릴수록 디지털 전환의 효과와 부작용을 면밀히 살펴보고 결정할 필요가 있다.

결론적으로 스마트폰 사용을 무조건 비난하고 아예 못 쓰게 하기보다는 적절하게 쓰도록 '조절'하게 하는 게 목적이 되어야 한다. 어느 정도가 선을 넘어가는 것이고, 몇 시간을 제한해야 하느냐에 대해서는 논란이 많지만 사실 정해진 기준은 없다. 특히 아이의 발달 단계나 연령이나 아이의 기질, 디지털 기기의 사용 목적 등에 따라서 다르다. 다만 문제적 사용의 중요한 기준은 디지털 미디어에만 너무 집착해서 충분한 수면이나 규칙적인 식사, 독서, 친구들과의 관계 등 건강한 발달에 필요한 여러 가지 자극들을 소홀히 한다면 적응상의 문제가 생기기 때문에 위험 사인으로 볼 수가 있다.

아이의 건강한 발달을 위해서 부모도 모범을 보이면서 가족끼리 합의하여 규칙을 세우는 것이 좋다. 아빠는 게임하고 엄마는 SNS를 하면서 아이한테만 하지 말라고 하는 건 사실 설득력이 없다. 특히 초등학교 때 자기 조절력을 키우면서 미리 연습하면 도움이 된다. 나름대로 자기 프라이버시가 생기는 청소년기에 갑자기 통제하려고 하면 아이들이 응하지 않기 때문에, 초등학교 때 자기 조절 훈련을 시켜야 한다는 것을 염두에 둘 필요가 있다.

에필로그

아이들이 힘든 데는 반드시 이유가 있다

"부족한 것 없이 다 해줬으니 이제 공부만 하면 될 텐데, 도대체 뭐가 그렇게 힘든지 모르겠어요." 이 말은 진료실에 아이를 데리고 오는 부모들이 가장 자주 하는 말이다. 아이는 힘들어서 더는 못 버티겠다고 호소하지만, 부모의 눈에는 오히려 너무 오냐오냐 키워서 정신력이 약해진 것처럼 보이기도 한다. 이러한 전제를 가지고 아이를 바라보면, 아이의 고통을 이해하기보다 더 다그치고 몰아붙이게 된다. 그 결과, 아이는 점점 더 힘들어지고 마음을 닫게 된다.

이런저런 방법을 시도해보다가 병원에 오신 분들이기 때문에 그럴 때 나는 부모님들에게 접근법을 바꿔보자고 제안하곤 한다. "어머님, 솔직히 말씀해보세요. 다시 태어나서 요즘 시대에 우리 애들처럼 학교생활을 하라고 하면 하고 싶으세요?" 이렇게 질문하면 모두 싫다고 한다. 그래서 "어머님 말씀대로 가정환경도 풍족하고 부모님이 필요한 건 다 지원해주니까 공부만 하면 되는데도 왜 싫으세요?"라고 다시 질문하면 대부분 이렇게 말씀한다. "우리 때는 그래도 어릴 때는 놀 수 있었고 자유 시간도 많았고 고등학교 때 바짝 공부해서 성적을 올릴 수도 있었잖아요. 학생 수가 많아서 경쟁은 치열했지만 대학 졸업하면 직업의 기회도 많았고요. 그런데 요즘처럼 어릴 때부터 학원에 다녀야 하고 선행학습을 해야 된다면 하기 싫죠."

요즘 아이들이 힘들어하는 데에는 분명한 이유가 있다. 경쟁은 날로 치열해지고, 사교육은 촘촘하게 체계화되어 있으며, 그 속에서 힘겹게 공부해도 정작 미래의 직업 기회는 점점 줄어들고 있다. 게다가 우리 사회는 '남들이 다 하는데 나만 안 하면 뒤처진다'라는 불안감에 특히 취약하다. 그래서 자녀를 그렇게 공부시키고 싶지 않은 부모들도, 다른 아이들이 모두 그렇게 하니까 결국은 자신의 아이만 시키지 않기란 쉽지 않다. 나중에 아이가 "왜 나만 안 시켰느냐"라며 원망할까 봐, 혹은 남들이 다 해주는 것을 우리 아이만 못 받게 되어 손해를 볼까 봐 더더욱 그러하다. 그런 분위기 속에서 부모도, 아이도 각자의 마음과는 다르게 어쩔 수 없이 그 흐름을 따라가고 있는 것이다.

그래서 요즘 아이들은 부모 세대와는 비교할 수 없을 정도로 학업 스트레스가 심하다. 친구 관계나 공부 외 활동들도 과거에 비해 훨씬 복잡해졌다. 운동조차 학원을 통해 해야 하고, 취미나 놀이도 대부분 성인의 지도 아래 이루어지며, 또래 관계는 SNS까지 확장되어 사이버 공간에서도 왕따와 같은 문제가 발생하고 있다. 지금 우리 아이들이 살아가는 일상은 학업이든 또래 관계든, 부모 세대가 그 나이였을 때 겪었던 환경보다 훨씬 더 높은 난도와 긴장을 요구한다. 스트레스가 심해지는 것은 어찌 보면 너무도 당연한 일이다.

하지만 많은 부모는 이러한 상황을 충분히 고려하지 않은 채, "부족한 것 없이 다 해줬는데 왜 힘들어하느냐"라고만 반응한다. 그렇게 되면 아이는 마음을 닫을 수밖에 없다. 자신의 입장을 들어주고 이해해줄 때 비로소 대화가 시작되는데, 부모가 "네가 약해서 그렇다"라며 단정적으로 몰아붙이면, 아이는 더 이상 말하고 싶지 않아진다. 한번 마음을 닫은 아이의 마음을 다시 여는 일은 결코 쉽지 않다.

그래서 나는 아이들이 힘들어하는 데에는 분명한 이유가 있으니, 무엇이 그렇게 힘든지 아이에게 열린 마음으로 직접 물어보기를 권한다. 아이를 어떤 사람으로 만들어야겠다는 생각에만 몰두하지 말고, '이 아이는 왜 이렇게 힘들까?'라는 질문을 먼저 던져보면, 그 답을 충분히 이해할 수 있다. 그 질문에서 출발하여 아이를 안쓰럽고 애틋하게 바라보게 되면, 자연스럽게 격려나 위로의 말을 건네게 된다. 그러다 보면 아이를 닦달하거나 몰아붙이기보다는, 아이가 다시 회복할 수 있도록 아이에게 시간을 주게 된다. 독감에 걸린 아이에게 "넌 의지가 약하니까 핑계 대지 말고 학원에 가야 한다"라고 몰아붙이는 부모는 없다. 대부분은 "정말 무리했나 보구나. 괜찮아질 때까지 푹 쉬어야겠다"라고 말하면서 아이의 상태를 이해하고 회복할 시간을 주려 한다. 마음이 힘들어서 아픈 것도 그와 다르지 않다. 몸이 아플 때와 마찬가지로, 마음이 아픈 아이에게도 회복을 위한 시간이 필요하다.

아이가 마음이 아프고 힘든 걸 인정해줘야 부모 태도가 변하고, 그래야 아이도 마음을 열게 된다. 물론 시간이 걸리는 과정이지만 어릴 때부터 계속 자기 감정을 인식하고 감정을 표현하도록 키워야 한다. 감정적인 걸 무시하고 자꾸 공부 인지만 강조하면서 키우면 청소년기가 되어서도 자기 감정을 잘 모른다. 그래서 자기가 힘들어야 하는 상황인데도 힘든 것을 모르고, 힘든 것에 대해서도 자기가 부족해서 그렇다고 죄책감을 느끼는 아이가 많다. 어릴 때부터 시간 여유 없이 달려오다 보니까 자기가 제대로 따라가지 못하면 부족하다고 생각하는 것이다. 그래서 쉬면 불안해진다. 그런 아이들이 정말 많다. 휴식을 취하거나 잠을 자도 불안하고, 놀아도 불안해서 마음 편히 놀지도 못한다. 가서 자더라도 학원에 가서 앉아 있어야 마음이 편하다는 아이들도 많다.

'마음이 편안하고 스스로 하는 아이'를 키우는 것이 양육의 목적이다. 이 목적을 이루기 위해 부모의 역할을 한마디로 정의하자면,

아이에게 '안전기지(Secure Base)'가 되어주는 것이라고 할 수 있다. '안전기지'라는 용어는 애착 이론에서 자주 사용하는 개념으로, 아이가 세상 속에서 도전하고 탐색하다가 힘들고 상처받았을 때 언제든 돌아와 쉴 수 있는 정서적 피난처를 의미한다. 아이들은 성장 과정에서 수많은 시도와 실패를 경험하게 되는데, 이때 가장 필요한 것은 비난 없이 받아들여지고 회복할 수 있는 공간이다. 그런 공간이 있을 때, 아이는 좌절 이후에도 마음을 안정시키고, 다시 앞으로 나아갈 힘을 얻는다. 안전기지는 단순히 편안한 환경을 의미하지 않는다. 그것은 조건 없는 수용과 정서적 지지, 회복의 시간을 허락하는 태도를 뜻한다. 아이가 실패했을 때 그 실패를 바로잡기 위해 몰아붙이는 것이 아니라, 마음이 회복될 수 있도록 기다려주는 것이다. 실패 후에도 여전히 사랑받고 있다는 확신, 그로 인해 다시 도전할 수 있다는 용기가 바로 '안전기지'에서 비롯된다.

트라우마와 회복 탄력성에 대한 여러 연구들을 보면, 역경을 이겨내는 아이들에게는 공통점이 있다. 부모가 아닐지라도 자신의 말을 들어주고 위로해주고 품에 안아주고 놀아준 확실한 대상이 최소한 한 명은 있었다는 점이다. 가족은 아이들의 성취에 대한 가치관과 학업 태도에 큰 영향을 끼친다. 집에서만이라도 위안을 얻고 신체적, 정신적인 휴식을 취할 수 있게 해주면, 쉬다가도 또 일어나서 다시 공부를 하는 아이의 모습을 보게 될 것이다. 특히 부모가 늘 자기 편이라는 사실을 아이가 어릴 때부터 느낄 수 있어야 한다. 소아정신과 의사들이 자녀의 이야기를 공감하며 들어주고, 관심사를 함께 나누라고 강조하는 이유도 바로 여기에 있다. 그렇게 일상 속에서 쌓인 끈끈한 관계가 있어야, 아이가 힘든 상황에 놓였을 때 부모에게 마음을 솔직하게 털어놓고 도움을 구할 수 있다. 어릴 적부터 그런 관계의 기반이 마련되지 않으면, 갑자기 고등학교 2~3학년쯤 되어 "진로는 어떻게 할 거냐", "왜 이렇게 공부를 안 하느냐"라고 다그쳐도, 아이는 이미 마음이 떠난 상태라 부모에게 속마음을 털어놓지 않는다. 정서적으로 충분히 저축해둔 부모일수록, 사춘기나 위기의 순간에 아이가 다시 돌아와 기대는 '안전기지'가 될 수 있다.

칭찬을 할 때는 결과보다는 노력과 과정에 초점을 맞추는 것이 중요하다. 소아청소년기는 특히 자신의 노력에 대한 보상과 인정에 민감한 시기이기 때문에, 학업 성취에 대한 부모나 교사의 피드백이 공정하지 않다고 느끼면 강한 반감을 갖게 된다.

예를 들어, 열심히 공부했음에도 불구하고 부모는 더 하라고 몰아붙이고, 선생님 역시 아무런 인정을 해주지 않으면, 아이는 허탈감에 결국 공부 자체를 포기해버리기도 한다. 따라서 아이가 억울함을 느끼지 않도록, 부모의 기준에 조금 부족하더라도 노력한 점을 인정하고 칭찬해주는 태도가 필요하다. 이때의 칭찬은 성적이나 등수보다 "정말 열심히 했구나", "애썼구나"처럼 과정 중심의 표현으로 해주는 것이 효과적이다. 이렇게 노력을 인정받은 경험이 쌓인 아이는 실패에 대한 두려움 없이 더 적극적으로 어려운 과제에 도전하게 되며, 실패를 수치로 느끼기보다는 배움의 기회로 받아들일 수 있게 된다.

또래 관계 또한 중요하다. 아이들은 친구와 사소한 갈등으로도 어른이 상상할 수 없을 만큼 큰 스트레스를 받고 그러다 감정 조절에 실패해 공부를 놓아버리기도 한다. 그래서 아이가 어릴 때부터 또래 관계를 잘 맺을 수 있도록 신경을 써주는 게 매우 중요하다.

오늘도 공부를 통해 성장통을 겪고 있는 모든 학생들과, 아이를 위해 하루하루 인고와 희망이 섞여 있는 나날을 보내고 있을 부모들을 진심으로 응원한다. 우리 아이들의 입시는 굉장히 길다. 12년이라는 세월을 함께 가야 하는 장거리 레이스이다. 그래서 내가 이 책을 통해 말씀드린, 감정 조절을 잘할 수 있는 아이로 키우는 양육 방법을 실제로 적용해본다면, 입시의 끝에서는 성적의 좋고 나쁨에 관계없이 부모님과 아이들이 모두 웃게 되리라 생각한다.

참고 문헌

도서, 논문

그릿연구소, 『그릿훈련 워크북』, 2015
김은주 외 7인, 『공부하는 뇌, 성장하는 마음』, 글항아리, 2023
김주환, 『그릿』, 인플루엔셜, 2025
대니얼 골먼, 『EQ 감성지능』, 한창호 옮김, 웅진지식하우스, 2008
데이비드 A. 수자 엮음, 『세계 최고 전문가들의 학습과학 특강』, 이찬승, 김미선 옮김, 교육을 바꾸는 사람들, 2014
여성가족부, 「2023년 가족실태조사 분석 연구」, 2023
캐서린 풀러, 필 테일러, 『동기강화기술 입문』, 신성만, 이상훈, 이아람 옮김, 시그마프레스, 2013
프랜시스 젠슨, 에이미 엘리스 넛, 『10대의 뇌』, 김성훈 옮김. 웅진지식하우스, 2018
A. Duckworth, *GRIT: The power of passion and perseverance*, New York: Scribner, 2016
B. J. Casey, R. M. Jones, L, Levita, V. Libby, S. Pattwell, E. Ruberry, F. Soliman, L. H. Somerville, "The storm and stress of adolescence: insights from human imaging and mouse genetics", *Developmental Psychobiology*, 2010, 52:225-235

C. MacCann, Y. Jiang, L. Brown, K. S, Double, M, Bucich, A. Minbasshian, "Emotional intelligence predicts academic performance: A meta-analysis", *Psychological Bulletin*, 2020, 146:150-186

G. S. Seibert, K. N. Bauer, R. W. May, F. D. Fincham, "Emotion regulation and academic underperformance: The role of school burnout", *Learning and individual differences*, 2017, 60:1-9

Herbert P. Ginsburg, 『피아제의 인지발달이론』, 김정민 옮김, 학지사, 2006

J. D. Hoffmann, M. A. Bracken, C. S. Bailey, C. J. Willner, "Teaching emotion regulation in schools: Translating research into practice with the RULER approach to social and emotional learning", *Emotion*, 2020, 20:105-109

Johann Hari, *Stolen Focus: Why You Can't Pay Attention—And How to Think Deeply Again*, Bloomsbury. 2022

Jonathatn Haidt, *The anxious Generation*, Penguin Press. 2024

Karen J. Gilmore, Pamela Meersand, 『아동·청소년 정신발달』, 이지연, 이지현, 김아름 옮김, 학지사, 2018

P. U. Supervia, Q. Robres, "Emotion regulation and academic performance in the academic contexts: the mediating role of self-efficacy in secondary education students", *International Journal of Environmental Research and Public Health*, 2021, 18:5715

R. Pekrun, "Emotions and Learning", *Educational Practices Series*, vol. 24. 2014.

R. Pekrun, K, Murayama, H. W. Marsh, T. Goetz, "Happy fish in little ponds: Testing a reference group model of achievement and emotion", *Journal of Personality and Social Psychology*, 2019, 117:166-185

S. B. J. Koch, R. B. Mars, I. Toni, K. Roelofs, "Emotional control, reappraised", *Neuroscience & Biobehavioral Reviews*, 2018, 95:528-534

S. S. Luthar, N. L, Kumar, N. Zillmer, "High-achieving schools connote risks for adolescents: Problems documented, processes implicated, and directions for interventions", *The American Psychologist*, 2020, 75:983-995

Stanislas Dehaene, *How We Learn: The New Science of Education and the Brain*, Penguin books, 2020

언론 기사

매일경제, 「"얕게 반복하는 수학 선행은 독"…대치동 맘카페서 난리난 '이 학원' 비법은」, https://www.mk.co.kr/news/society/11194752

연합뉴스, 「'4세·7세 고시' 어려지는 사교육…정확한 실태 파악도 안 돼」, https://www.yna.co.kr/view/AKR20250220118700530

연합뉴스, 「한국은 4세 고시 영국은 3세 과외…"기가 막힌 어른들의 욕망"」, https://www.yna.co.kr/view/AKR20250316039300005

중앙일보, 「부모 59% "자식 성공이 내 성공"…'어른이 양육' 늘었다 [뉴 헬리콥터 부모]」, https://www.joongang.co.kr/article/25296442

한국경제, 「'24시간이 모자라'…요즘 대치동 유치원생의 숨가쁜 하루」, https://www.hankyung.com/article/202404053012i

MBC 뉴스, 「"6세 미만 절반이 학원에"…외신도 한국 영유아 사교육 광풍 조명」, https://imnews.imbc.com/news/2025/world/article/6696434_36725.html

SBS NEWS, 「"강남 3구 아이들 특히 심각"…5년 새 확 늘었다」, https://news.sbs.co.kr/news/endPage.do?news_id=N1008077782

YTN, 「"지적 학대 수준"…대치동 '7세 고시' 시험지 수준에 경악」, https://www.ytn.co.kr/_ln/0134_202502181638218317

공부 감정의 힘

ⓒ 김은주 2025

초판 발행 2025년 9월 30일

지은이 김은주

책임편집 허영수 | **편집** 박민주
디자인 지완
마케팅 이보민 손아영

펴낸곳 (주)북하우스 퍼블리셔스 | **펴낸이** 김정순
출판등록 1997년 9월 23일 제406-2003-055호
주소 04043 서울시 마포구 양화로 12길 16-9(서교동 북앤빌딩)
전화 02-3144-3123 | **팩스** 02-3144-3121
전자우편 editor@bookhouse.co.kr | **홈페이지** www.bookhouse.co.kr
인스타그램 @bookhouse_official

ISBN 979-11-6405-339-1 03370

이 책의 판권은 지은이와 북하우스에 있습니다.
이 책의 내용 전부 또는 일부를 재사용하려면 반드시 양측의 서면 동의를 받아야 합니다.